瓜飯樓外集　第四卷

瓜飯樓藏墓誌

馮其庸　藏録

商務印書館

圖書在版編目(CIP)數據

瓜飯樓藏墓誌/馮其庸藏録. —北京：商務印書館，2024

(瓜飯樓外集)

ISBN 978-7-100-23077-3

Ⅰ.①瓜… Ⅱ.①馮… Ⅲ.①墓誌—彙編—中國—古代 Ⅳ.①K877.45

中國國家版本館 CIP 數據核字(2023)第185605號

特邀編輯：孫熙春

攝　　影：汪大剛　甘永潔

版式設計：姚偉延　張晶晶

瓜飯樓外集

第四卷

瓜飯樓藏墓誌

馮其庸　藏録

商務印書館出版

(北京王府井大街36號　郵政編碼100710)

商務印書館發行

北京雅昌藝術印刷有限公司印刷

ISBN 978-7-100-23077-3

2024年6月第1版　開本710×1000　1/8

2024年6月北京第1次印刷　印張27

定價：810.00元

瓜飯樓外集

選堂百歲

题签　姚奠中

瓜飯樓外集

顧問　謝辰生　鄭欣淼　王炳華　王文章

主編　馮其庸

助編　高海英

《瓜飯樓外集》總序

我剛出了《瓜飯樓叢稿》，現在又着手編《瓜飯樓外集》，其原因是我的研究方法和研究習慣，都是先從調查每一個專題的歷史資料開始的，如我在講中國文學史的時候，就思考中國原始文化的形成和綜合的過程，因此我調查了全國各地重要的新石器時代文化遺址以及若干先秦、漢、唐時代的文化遺址，在調查中，獲得了不少原始文化資料。一九六四年八月，我隨人民大學的『四清』工作隊到陝西長安縣參加『四清』工作，我被分派在長安縣南堡寨，想不到在那裏我與周宏興同志一起，發現了一個規模極大的原始文化遺址（方圓十多華里），采集到大量的原始陶器、骨器等等，之後我們報告了陝西省考古所，也寫了一份考古報告，報告直到『文革』結束後纔在《考古》雜誌上發表，編輯部的人説由非考古人員寫一份合格的考古報告，這還是第一次。我們帶回的實物，蘇秉琦、郭沫若等專家都看過并認同了。由於愛好，我也從各地的文物市場獲得一些與我的研究課題有關的資料。我的不少原始陶器和彩陶，周、秦、漢、唐的瓦當、陶俑等，就是這樣逐漸積累起來的。

我在考察中國佛教造像時，也陸續獲得了一批從北魏到唐宋的石刻造像和金銅造像。我爲什麼會重視并喜愛這些造像呢？我讀高一時，美術老師給我們講西洋雕塑怎麼怎麼好，怎麼怎麼偉大，我就奇怪中國爲什麼没有雕塑，後來我到了敦煌、麥積山、炳靈寺、雲岡、龍門，我纔知道我們中國的雕塑如此輝煌，更後來秦始皇陵兵馬俑被發現了，這是震驚世界的發現，它證明我們的雕塑不僅豐富偉大，而且遠遠早於西方，我認爲我們的美術史家應該寫出一部新的中國雕塑史來，因此我想力所能及地爲他們搜集一些散落的資料，而且我也真是搜集到了一些，這就是收在這部外集裏的石刻造像和金銅佛像。

我從小就喜歡刻印，因此一直留心這方面的實物，在『文革』中，在地安門的一家文物商店裏，就先後買到了陳曼生、楊龍石等人的印章，我從各地買到的戰國到秦漢的印章約有六十多枚，我還在新疆和田買到了幾方西部的印章。

由於我特別喜歡篆刻，所以篆刻界的前輩和朋友，也都不斷爲我治印，因此我還積累了一批現當代名家的刻印。

我還重視古代的石刻墓誌，因爲這是歷史書籍以外的史料，即使是這個人在史書中有所記載，也未必會有這個人的墓誌詳細。古人往往將墓誌稱爲『諛墓文』，意思是説墓誌上總是説好話贊揚的多，這種説法也不是没有道理。但是要區別清楚，一般説好話都是贊揚性的空話居多，如要考證這個人的實際官職之類的歷史事實，墓誌也不至於虛構編造，所以我比較重視墓誌，先後得到了一批重要的墓誌銘，其中特别是一件九十四厘米見方的唐狄仁傑族孫的墓誌銘，尤爲難得。此外還得到一批民間各式各樣的墓誌，使我們對墓誌的瞭解大大豐富了。

『文革』期間，一九七二年，我家鄉挖河，挖出來一個墓葬，墓是明代正德九年（一五一四）的，尸體和衣服完全未腐爛，但發現腦袋是被砍的，死者胸前掛一個黄布口袋，口袋裏裝一份文書，我侄子馮有責把它寄給了我，原來是一份皇帝的『罪己詔』。我將此詔送給故宫博物院，結果故宫博物院的兩派正在武鬥，無人管這件事，又拿了回來，我仍舊保存着。前些年終於無償地捐贈給第一歷史檔案館了。據檔案館的朋友告訴我，皇帝的『罪己詔』實物，全國只此一件。

一九七三年，我家鄉又挖出來一批青銅器，最大的一件銅鑒，有長篇銘文，還有二件銅豆也有同樣的銘文，還有二件無銘文。後來我的侄子馮有責告訴了我，并用鉛筆拓了幾個銘文給我看，我初步看出是楚鑒，銘文也大體能識，我即拿到故宫去找唐蘭先生，唐先生是我老師王蘧常先生的同學好友，我一九五四年剛到北京時，由王蘧常老師作書介紹，第一個就是拜見他，以後也一直有聯繫。唐老看到了我拿去的銘文粗拓件，也肯定是楚器，并囑我想法把它拿到北京來。這事被耽擱了一段時間，最後拿到北京時，唐老已不幸去世了。事後不少專家研究了這個銅鑒，是戰國春申君的故物，根據銘文命名爲『郙陵君鑒』。那時還在『文革』後期，我怕被紅衛兵來砸掉，就告訴南京博物院的姚遷院長。姚院長十分重視，除親自來看過外，還專門派了三個人來取。還一定要付給我錢，我堅决辭謝了，我説我是無償地捐獻給祖國，只要您給我一個收條，我好向家鄉交待。姚院長終於接受了我的意見。現在這批青銅器（共五件）一直被珍藏在南京博物院。

我還喜歡瓷器，也陸續收集積纍了一些，但我收集的是民窑，我欣賞民間藝術，民窑也是民間藝術的一種。我在朋友的幫助下，陸續收集到了一批青花瓷，其中明青花最多。我把民間青花上的紋飾，比作是文人隨意的行書和草書，其行雲流水之意和具象與抽象交合的意趣是官窑所没有的。

我還特别喜歡紫砂器物，二十世紀五十年代初，宜興紫砂廠在無錫有一個出售紫砂壺的店面，那時顧景洲先生常來，我就是在那裏認識他的。之後我常到宜興去看顧老（那時他纔四十多歲，我還不到三十歲），因此認識了高海庚、周桂珍、徐秀棠、汪寅仙、蔣蓉等紫砂大師，我還常給他們在壺上題字。我到北京後，顧老和高海庚也常到北京來，只要他們來，就會來看我。這樣我也陸續收藏了一批紫砂壺，也在文物商店買到過陳曼生等的一些老壺，當時都由顧老爲我鑒定。現在連同他們送給我的茶壺也一并收入本集。

最早認識明式傢具的藝術價值，是受老友陳從周兄的影響，我倆都是王蘧常先生的學生，他比我年長，他是古典園林專家，又是書畫家，他特别重視明式傢具，爲此他還爲美國大都會博物館設計了一座『明園』，從建築材料到傢具陳設和園中的假山，全都是明代的，連題字也是用的明代書畫家文徵明的字，我一九八一年去美國講學時還專門去看過，所以我對明式傢具的理解和愛好，最早是受從周兄的影響。

之後，我又認識了王世襄先生，記得在『文革』前和『文革』中，他常提着一個小包到張自忠路我宿舍旁的張正宇先生家來，張正宇先生是工藝美術大師，可以説是無所不通。尤其是他的書法真是出神入化，既傳統而又創新。王世襄先生也常常拿着他的書法來向張老請教。而王老對於明式傢具的收藏和研究，在當時是無出其右的。我到王老家去，看到他屋裏堆滿了明式傢具，連自己住的地方都没有，往往就睡在舊傢具上。我於自然之間，也就受到了他的影響，後來又獲交陳增弼先生，他也是明式傢具的專家、收藏者和研究者。二十世紀七十年代我去揚州調查有關曹雪芹祖父曹寅的事，碰巧揚州發掘廣陵王墓，其外槨全是西漢的金絲楠木，每塊長五米有餘，寬有一米多，厚約四十厘米，而且一面是鮮紅的紅漆，一面是黑漆。當時政府就用這些木板作爲民工的工錢發給老百姓，老百姓拿來出售，我就買了一批，後來朋友幫我運到了北京，一擱就是十幾二十年。有一次偶然被陳增弼兄看到了，他大爲稱贊這批木料，説由他來設計一套明式傢具，用這批金絲楠木來做，那會舉世無雙。不幸陳兄突患癌症去世了，但這個計劃却由他的高足苑金章繼承下來了。苑金章兄親自設計并帶領一批人製作，一晃至今已五年有餘，共成三十六件。我看了真是眼花繚亂，原來一塊塊塵土滿身的木板，不想做成傢具後，式樣典雅大氣，而且金光閃閃，異香滿室，真讓我覺得心曠神怡。

在這部《瓜飯樓外集》裏，我還收了《瓜飯樓藏王蘧常書信集》一卷，和《瓜飯樓師友録》三卷。王蘧常先生和錢仲聯先生都是我的終身老師。王先生的章草，是舉世無雙的，日本人説『古有王羲之，今有王蘧常』。他給我的信很多，特别是他九十歲那年，特意爲我寫了十八封信，名曰《十八帖》。没有想到我到上海去拜領了這部《十八帖》後回到北京，只過了五天，他就突然仙逝了。所以這部《十八帖》也就成了他的絶筆。現將這部《十八帖》和他給我的書信、書法單獨結成一集。

錢仲聯先生也是我的終身老師，從一九四六年拜他爲師後，向他問學一直未間斷，他去世前不久，還寫了一首七百字的長詩贈我。寫完這首詩，他喘口氣説：『現在我再也没有牽掛了！』現把他給我的信一并收在《瓜飯樓師友録》裏。《瓜飯樓師友録》裏還有許多前輩和同輩的信，如蘇局仙、郭沫若、謝無量、唐蘭、劉海粟、朱屺瞻、季羡林、任繼愈先生等等。年紀小的學生一輩以下的信因爲篇幅所限，無法盡收，十分遺憾。

這部集子裏，我還收了我的兩部攝影集，一部是玄奘取經之路的專題，另一部是大西部的歷史文化風光的攝影。我前後去陝西、甘肅、寧夏、新疆等地十多次，登帕米爾高原三次，穿越塔克拉瑪干大沙漠二次，入羅布泊、樓蘭、龍城、白龍堆、三隴沙一次。最後一次，在大沙漠中共十七天，既考明了玄奘往返印度取經的國内路綫，也飽賞了帕米爾高原和羅布泊、樓蘭、龍城、白龍堆等大漠的風光，而且我把這些經歷都攝入了鏡頭，這既是我的重要實地調查記録，也是世所罕見的西域風光的實録。

我從小就喜歡書法和繪畫，一直是自學。一九四三年在無錫城裏意外遇見了大畫家諸健秋先生，他十分稱贊我的習作山水，要我到他的畫室去看他作畫，他説『看就是學』。這樣，我就在他的畫室裏前後看了一年，但我上完高一就又失學了，離開了無錫也就看不到諸老作畫了。但諸老的教導我一直默記在心。平時因事忙，我只作一些花卉之類的簡筆，書法的學習則是從小學到高中一直到後來上無錫國專都未間斷。日後也不斷作書法。一九九六年我離休以後，有了時間，就開始認真地作山水，而且我一直喜歡宋元畫，所以也用功臨摹宋元畫。但令我最爲動心的大西部山水，尤其是古龜兹國（庫車）的山水，我則另創別法，用重彩乾筆來表現。我先後開過多次書畫展，出過多次畫册。現在我把這些作品，包括近幾年來的新作和書法，一并編入本集，也算是我在文章以外的另一類學術與藝術的綜合。也許，將這個《外集》和《内集》（《瓜飯樓叢稿》）合起來看，可以看到我在學術和藝術方面比較完整的一個基本面貌，也可以看到我畢生的全部興趣所至。但是我要説明，我不是文物收藏家，我收藏這些東西都是爲了研究，當然也是由於愛好。因爲我收集這些東西主要是爲了學術研究，所以我收集的東西并不一定都有很高的文物價值和經濟價值，但是它却有珍貴的史料價值和認識價值。例如在討論新出土的『曹雪芹墓石』時，否定的一派認爲墓誌銘都有一定的規格，多大多小都有規定。這聽起來好像有道理，實際上這是混淆事實。墓誌銘的官方規定，雖有其事，但却只限於做官的，對一般普通老百姓，有誰來管你這些事？曹雪芹抄家後早已淪爲一介貧民，死時連棺材都没有，還有誰來按什麽規格刻墓誌銘呢？這不過是一塊普通的未經細加工的毛石，鑿『曹公諱霑墓』『壬午』幾個字，只是用作標誌而已。爲了證實普通老百姓的墓誌銘是各式各樣的，將我收到的，如有的是陶盤的墓誌銘，有的是瓷器盤子做的墓誌銘，有青花瓷的墓誌銘，有一塊只有一本普通書本大小的青花釉裏紅墓誌銘，有兩塊磚刻的四方的墓誌銘，還有一塊用硃筆寫在磚上的墓誌銘，都收在我的書裏。它不一定有多大的經濟價值，但它却有珍貴的認識價值和歷史價值。

不論是文章也好，還是藝術也好，還有其他也好，我覺得人的追求是永無止境的。古人説『學無止境』，確實如此。這也就是説，無論你是寫文章做學問也好，無論你是創作藝術也好，還是追尋歷史，進行考古也好，始終都是『無止境』的。因此，人永遠在征途中，永遠在追求中，千萬不可有自我滿足的感覺。『自滿』也就是『自止』。人到了自止，也就是停止了。我喜歡永遠讓自己在征途中，在學問的探索中，在藝術的創意中！杜甫説：『大哉乾坤内，吾道長悠悠！』杜甫説得多好啊！

二〇一三年四月四日，農曆癸巳清明節晚十時於瓜飯樓，時年九十又一

凡例

一、本書所收各類藏品，均係編者個人所藏。

二、本書所收『邾陵君鑒』等五件藏品，已無償捐贈給南京博物院，正德『罪己詔』已無償捐贈給第一歷史檔案館。現所用圖片，爲以上兩家攝贈。

三、本書所收古代碑刻拓片、墓誌等，均有録文，并加標點，録文一般采用通行繁體字，但碑上的俗寫字，一律采用原字。

四、本書所收古印，最具特色的是新疆和田的古代動物形象印，爲稀見之品。

五、本書所收墓誌銘，除官方的墓誌外，還收了一部分民間墓誌，以示兩者的區别。民間墓誌無官方規定，各式各樣，有青花瓷特小的墓誌，有陶盤墓誌，有瓷碗墓誌，還有磚質硃書墓誌等，且各具地方特色。

六、本書所收師友書信，時間限於藏主同輩。藏主的學生和年輕友人的書信，限於篇幅，未能收入。

七、本書各卷，專題性强，故特邀各項專家任特邀編輯，以使本書得到更好的編録。

八、本書所收藏品，除藏主的書畫外，以前均未結集出版。

寬堂謹訂

二〇一五年九月十五日

《瓜飯樓外集》總目

目録

墓誌原石

墓誌拓本

硃書磚刻墓誌

陶瓷器物墓誌

自序

我對墓誌并没有研究，我收藏這些墓誌是始於二十世紀八十年代，我特别重視墓誌的原石，當然原石不容易得，所以我也注意墓誌的拓本，還有帶有墓誌性質的墓葬中的磚和石。例如二十世紀『文革』前，在討論《蘭亭序》的真僞的時候，我在安徽壽縣發現了元康元年磚，此磚的書法真行結合，略存隸意。還有安徽馬鞍山出土的東晋墓磚。特别是安徽亳縣的曹氏家族墓草行書磚，雖然與墓主的事迹無關，它却爲書法史提供了真實的史料，證明了漢末建安時已有行草書且較通行了，否則不可能有這麽多行草書在墓磚上出現。我收藏的『曹公諱霑墓』石拓本，下署『壬午』，這是北京通縣於一九六八年平整『曹家大墳』時出土，由當時平墳者李景柱保存的，因當時正在『文革』高潮期間，北京市副市長王崑崙因爲調查曹雪芹墓葬事尚遭『紅衛兵』批鬥，所以李景柱一直到一九九二年纔將墓石獻給張家灣政府，張家灣政府即請我去做鑒定，這塊墓石是埋葬在曹雪芹遺體之旁的，當時發現雪芹并無棺木，是裸葬的。這塊墓石的出土，不僅告訴人們雪芹死後葬於通縣張家灣，墓石上的『壬午』兩字還證明了雪芹確實死於『壬午除夕』，證實了脂批『壬午除夕，芹爲泪盡而逝』的批語。所以它爲數十年來争論不决的雪芹卒於『壬午』還是『癸未』提供了實證，證明了雪芹確是逝於『壬午』除夕。以上這些出土物，雖然不是墓誌銘，但它們具有墓誌的性質是很明確的。所以研究歷史，不能拘於正史，凡有史料性質的實物，都應該重視并加以運用。尤其是我寫的《曹雪芹家世新考》，主要的史料依據，除《遼東五慶堂曹氏宗譜》外，同樣重要并與《宗譜》互證的，主要是《大金喇嘛法師寶記碑》《玉皇廟碑》《彌陀寺碑》等碑刻資料，還有方誌裏的《曹璽傳》等，這些雖然不屬於墓誌，但它們都是石刻或地方誌，可補正史之缺，而且是稀見而珍貴的史料。

一般的石刻資料及地方誌尚且如此重要，墓誌銘的史料價值則更無疑義了。以往對墓誌銘的文字曾有『諛墓文』之説，這是説墓誌銘爲已故的人説好話的多。這也并不奇怪，一個人死了，親屬自然會念他的好處，説他的好話。但我們要加以鑒别的是，墓誌的諛詞，一般都屬於贊揚性的虚詞，至於墓主的生平事迹，例如當過什麽官，做過什麽實事等等，則不能虚編，所以我們重視的是墓主所記的實事而不是虚話。因此墓誌的史料價值是很高的，可補正史所記之不足，何况正史不載的人，墓誌就是極爲重要的史料了。

我收藏墓誌，本意就是爲了史料而不是爲了收藏文物。在這些墓誌中，最大的一塊是狄兼謨墓誌——狄兼謨是狄仁傑的從曾孫，墓誌九十四公分見方，是墓誌中的難得者。

我原本想等退休以後研究墓誌的，不想退休至今二十年來，竟無暇涉及此道。今請孫熙春弟編輯成集，提供給對此有興趣的人去研究。我相信這些未經公布的史料對學術研究是有用處的。

二〇一三年八月二十八日燈下，寬堂九十又一記於瓜飯樓

序

孫熙春

寛堂馮其庸先生，無疑是當代著名學者中最具傳統文人特質的代表之一。馮先生著述等身，以紅學研究名世，且其學術研究亦涉古典詩詞、戲曲、史學、考古，漢畫等諸多領域。此外，先生亦醉心於詩詞、書畫藝術的創作，文化攝影的實踐。凡此種種，頗具古風，雖非空前，然來者難追。先生於學術研究之方法，詩詞、書畫藝術創作之趣味取向，亦特重傳統；先生之『拜石』『植梅』等生活情趣，對後學傾情之培養與提携，亦見中國古代文人之傳統。因學術研究而結就之『金石緣』，尤爲馮其庸先生傳統文人特質之具體體現。

文字是文明之主要標識，中華民族之文字起源時間與運用歷史甚早。從最早成系統之漢字甲骨文，到三代吉金銘文，以及兩漢以降之碑石墓誌文字，都是文字流衍至今之珍貴實物資料，也是文史研究之第一手素材。相較於中國古代的吉金、刻石的上古起源時間，可以説作為中國近代考古學前身的、以金石文字爲主要研究對象的『金石學』，起步時間則晚了一些。然金石學一經出現，直至今天仍爲學術界所重，或因學術研究所涉一般性文獻書籍在輾轉傳抄及付梓之過程中，難免有魯魚亥豕之誤、以訛傳訛之失。宋歐陽脩《集古録》以及趙明誠《金石録》爲金石學最早之集大成著作。清代王鳴盛、王昶等，把金石著録和研究，正式命名爲『金石之學』，使得清代金石之搜集、收藏和考究，成爲一代之風。清代中葉，孫星衍、邢澍作《寰宇訪碑録》，就收録了秦漢至元代的石刻八千餘件，晚清如趙之謙的《補寰宇訪碑録》、羅振玉的《再續寰宇訪碑録》、劉聲木的《續補寰宇訪碑録》等收録更達數萬種。羅振玉的《墓誌徵存目録》，記當時所見墓誌即達三千九百八十多種。在這一連綿不斷的歷史進程中，墓誌的彙集，無疑是對歷代傳承的補充，尤其對史學、文學、書法藝術的研究有重大意義。《瓜飯樓藏墓誌》按時間先後選録了馮其庸先生多年來收藏的碑誌拓片、墓誌原石與拓片，以及墓磚、墓磚拓片，瓷墓誌、瓷墓誌盤等約三十件，讀者大致可以從以下兩個方面來體認是集之價值。

第一，是關於墓誌發展以及墓誌多樣性理解之認識價值。

墓誌源於碑。『碑』，《説文解字》釋爲『竪石也』。這種解釋，今人讀之，惑猶未解，但於『碑』之最古用途反是最恰切的。碑之名始見於周。《儀禮・聘禮》鄭註：『宫中必有碑，所以識日景引陰陽也。』宫中之碑，用以觀測日影，辨別方向，識別時間，是爲碑的用途之一。《禮記・祭儀》：『君牽牲……既入廟門，麗於碑。』鄭註：『麗，繫也，謂牲入廟，繫着中庭碑也。』孔疏：『君牽牲入廟門，繫着中庭碑也。』是爲碑的用途之二。劉熙《釋名·釋典藝》：『碑，被也。此本葬時所設也。鹿盧，以繩被其上，引以下棺也。臣子追述君父之功美，以書其上，後人因焉。無故建於道陌之頭，顯見之處，名其文就，謂之碑也。』這是碑的用途之三，秦宫一號墓有實物出土，今人之於『碑』的理解多爲此類，即冢墓之碑。《後漢書》卷二十三載竇章女於順帝初入宫，早卒，帝『詔史官樹碑頌德』。《後漢書》卷八十四載孝女曹娥之父溺死，娥也投江死，『縣長度尚改葬娥於江南道旁，爲立碑焉』。此皆文獻所載冢墓之碑。

墓碑、墓誌具體起源於何時，學界有不同之認識與主張。造成這種不同之原因多與討論之前提、概念不統一有關，此處不妨把墓碑和墓誌統合起來探討，也就是以『碑誌』這個名詞爲前提進行探討。原因有二：一是墓碑和墓誌的使用目的、作用是相同或者説是相近的；二是由墓碑而墓誌是一個有原因的、連續的歷史過程。

晉張華《博物志》卷七載『衛靈公葬，得石椁，銘曰：不逢箕子，……』云云。衛靈公是春秋時代衛國第二十八代國君，在位年代爲前五三四年到前四九三年，此爲有史以來對埋於地下墓中石刻文字之最早記載。雖銘文刻在石製椁上，非獨立石板，但完全可以理解爲後來碑誌之濫觴。

《博物志》卷七載『漢滕公夏侯嬰薨，求葬東都門外，……得石椁，有銘曰：「佳城鬱鬱，……」』云云。《博物志》卷七載漢西都時，南宫寢殿内有醇儒王史威長，葬銘曰：『明明哲士，知存知亡。崇隴原野，非寧非康。不封不樹，作靈垂光。厥銘何依，王史威長。』晉葛洪《西京雜記》卷三載杜子夏葬長安北四里，臨終作文曰：『魏郡杜鄴，立志忠歟。犬馬未陳，奄先草露。骨肉歸於后土，氣魂無所不之。何必故丘，然後即化？封於長安北郭，此焉宴息。』及死，命刊石埋於墓側，墓前種松柏樹五株，至今茂盛云云。上述夏侯嬰、王史威長、杜鄴，皆西漢人，他們的椁銘、埋於墓側的刊石文字皆爲韻律銘文，但并無記述生卒年代、生平事迹等消息文字，故我們可視其爲後來碑誌之雛形。

幽石墓誌，與魏晉之世禁止厚葬，不得樹碑立闕之風密切相關。曹操嚴禁立碑，曾下詔云：『碑表私美，興長虚僞，莫大於此。一禁絶之。』曹丕篡漢，未改禁令，故這一時期之『碑表』，除《上尊號》《受禪表》《孔羨修孔子廟碑》《曹真碑》《王基殘碑》以及收録在是集中的《范式碑》之外，别無發現。曹魏甘露年間，王俊誄其弟云：『只畏王典，不得爲銘。』足見碑禁之嚴。晉武帝司馬炎於咸寧四年亦曾下詔：『此石獸碑表，既私褒美，興長虚僞，傷財害人，莫大於此。一禁斷之。其犯者雖會赦令，皆當毁壞。』碑禁民不敢違，盛極一時的墓碑從地面上消失，但人們又要表達對亡者的紀念，於是將碑文縮短，外形改小，隨葬墓内，此幽石墓誌所由生也。現藏遼寧省博物館之《劉賢墓誌》即爲『直立壙中』早期碑式墓誌之一例。

墓誌轉入地下後，立碑式不再適用，因此它吸收了其他明器（如盒）的形制特點，逐漸統一爲方形石質，常附有盝頂形墓誌蓋，并成一盒。是集中唐高宗上元三年之《唐張孝才墓誌》，武周證聖元年之《大周王夫人（婺）墓誌》，唐玄宗開元三年之《唐司馬元恪墓誌》、開元二十年之《唐裴恒墓誌》、天寶六載之《唐裴智墓誌》，明正德十四年之《明程惠秀墓誌》均爲方形石質、盝頂盒式，讀者自可參看相關圖片。應該指出，碑誌使用之禮制、碑誌之形制是有一個歷史發展變化過程的，墓誌在民間的普遍使用，更使得墓誌在形制、質地、內容等方面更加自由與多樣。我們可以參看是集中收録的幾個較爲特殊的墓誌來理解這一點：明萬曆四十五年之《明章從君墓誌》，墓誌長僅二十厘米，底部最寬處也只爲十二點五厘米，爲立碑式，瓷質。清乾隆二十一年之《清黄國貞墓誌》爲兩個陶盤組成，兩個陶盤扣成一盒，外標墓誌，內書誌文，形質特異。另是集中還選録了馮其庸先生收藏的四川地區出土的衆多瓷盤墓誌中的幾件，均爲墓主人生前所用之器物，死後親人刻銘隨葬。

由此觀之，碑誌之內容，因官民而有別，更因墓誌材質、大小而繁簡各異；碑誌之形制，最初源於實用，那麼因實用而形制發生變化也就很容易理解了。

第二，是關於所收録墓誌之學術價值。

墓誌對於文史、藝術等諸多研究領域的重要學術價值，我們只要回想一下始於二十世紀六十年代中期的『蘭亭論辨』，或可知矣。一九六五年五月二十一日，《光明日報》發表了郭沫若的論文《由王謝墓誌的出土論到〈蘭亭序〉的真僞》，由此引發了學術界關於《蘭亭序》真僞的爭論。是集中收録的《孟府君墓誌》一組拓片，或可引發我們對『蘭亭論辨』相關問題的再思考。東晋太元元年的《孟府君墓誌》於一九七六年在安徽馬鞍山被發現，這五塊墓誌的內容均爲『泰元元年十二月十二日晋故平昌郡安丘縣始興相散騎常侍孟府君墓』，但書體不一，有三塊與爨碑相近，有兩塊則全然接近純粹的行楷書。這一組拓片，告訴我們：一、我國漢字字體在魏晋時代正處於劇烈的變化時期；二、字體在變化過程中形成的類型是很複雜的，絶不只有一種，即使是同一種使用類型與目的；三、行楷書體的出現，絶不是在某種過渡型字體完全退出歷史舞臺之後，而正是在它尚在大量使用、流行的同時！四、歷史上新舊書體并行的時間往往是很久的。唐張懷瓘《書議》載：『子敬年十五六時，嘗白其父云：章草未能宏逸，今窮僞略之理，極草縱之致，不若槁行之間，於往法固殊，大人宜改體。』東晋太元元年上距王羲之寫《蘭亭序》的永和九年有二十三年，這進一步説明，新書體的産生一定是在與舊書體并行很長時間後纔逐漸成爲時代的主流的。

墓誌記載墓主人之生平梗概，內容一般有官銜、姓氏、世系、宗支、生平事迹、卒葬年月，末尾繫以銘辭贊頌。可以説，墓誌是埋藏於地下的古人檔案，是最原始的歷史、文學資料。非但墓誌，即使是文字內容極爲簡省的墓磚，對於我們認知歷史也有重要價值。曹植墓墓磚於一九七七年三月發掘於山東阿縣魚山曹植墓。墓磚青色，長四十三厘米，寬二十厘米，厚十一厘米。三面刻銘：『别督郎中王納主者司徒從掾位張順』『太和七年三月一日壬戌朔十五日丙午，兖州刺史侯退遣士朱周等二百人作』『壘陳王陵各賜休二百日』。分析銘文可以推知：一、此墓確爲陳思王曹植之墓；二、此墓於太和七年，即公元二三三年兗州刺史遣使二百人造作；三、完工後，造作墓冢的民衆獲得『二百日』休息，期間不服其他勞役。《馮其庸書畫集》（文物出版社）中有《曹子建墓磚拓本題跋》，馮先生關於此墓磚拓片題跋多段，兹引録兩段：『……太和爲魏明帝年號，七年二月已改年號爲青龍。此磚書七年三月，蓋地僻改號尚不及也。又陳思王陵初葬淮陽，淮陽固陳地。予曾兩至淮陽考察，陳王故陵尚在，魚山陳思王陵爲遵王意遷葬。今魚山墓前尚有隋碑可證。按此墓隨葬簡陋，若無此墓磚文字，幾不可認矣。而此墓磚刻字亦簡陋至無可再簡者。昔年通縣張家灣出土曹雪芹墓石，論者以種種不合爲辭，予以否定。然則此墓磚如此簡陋，豈能合陳思王之身份，儕輩當更予否定矣。殊不知歷史乃生動活潑之事，非可以格式衡一切也。蓋歷史有常有變，知其常而不知其變，安可論歷史哉？』『此磚文書體多作楷隸，而其上祖亳縣墓所出磚文已多爲行草。而其後元康元年磚、馬鞍山太元元年之孟府君誌皆具楷行之意，是故知漢晋之季，固吾國書體之變革時期也，豈可執一而論哉？』

相較於唐代以及唐代以後的墓誌，學術界對於六朝墓誌特別重視，原因恐怕就在於六朝墓誌的史料價值極高，但《瓜飯樓藏墓誌》中收録的唐代以及唐代以後的墓誌的學術價值同樣不容低估。

從文學尤其是從文字學的角度去認識是集的學術價值，我們不能繞開證聖元年之《大周王夫人（婺）墓誌》。墓誌、誌蓋并存，盝頂盒式。蓋題篆書『大周故王夫人墓誌銘』。誌文爲楷書，十六行，滿行十六字。誌文首題『大周通直郎行司府寺平準署丞夫人王氏墓誌銘并序』。衆所周知，史亦有載，唐代武則天時期，曾造出若干新字，前人已有考釋的爲二十餘字。本墓誌使用新字十餘處，其中八個字可以準確對應釋讀，其餘釋讀正確與否以及應該如何釋讀考釋，有待讀者、學人參照圖録進一步疏證。

提請讀者注意，是集中《唐狄兼謨墓誌》之學術研究價值尤爲突出。

狄兼謨是一代名相狄仁傑的從曾孫，爲官亦以忠鯁名，但兩《唐書》中其傳十分簡短。是集中所載《唐狄兼謨墓誌》，詳記其生平事迹，且誌文爲名臣令狐楚之子令狐綯所撰，再加之出土較晚，因此《唐狄兼謨墓誌》兼具重要的史學價值與文學價值。誌文載：『公諱兼謨，字汝諧。其先周之後也，成王少子孝伯封於狄城，因而命氏焉。秦并天下，□□隴西，爲秦州之强家大姓。至後秦建國天水，狄伯支爲佐命之臣，晋史稱曰名將子孫。今爲天水人。曾叔……文惠公仁傑……』此段關於狄氏來源的記載與《新唐書·宰相世系表》所載同，而較之更詳。另《新唐書·宰相世系表》於狄兼謨之曾祖『仁續』、兼謨之二子『咸中』與『禎前』均失載，於其祖『光友』、父『□邁』名字之記載均有誤，可據誌而改。另誌文所載兼謨『葬於河南府洛陽縣金墉鄉雙洛村，祔梁公之塋』，爲糾正狄仁傑葬於洛陽白馬寺之誤，提供了有力的證據。

此外，是集中《隋永嘉郡松陽縣令宇文弁才墓誌》和《宋田子茂墓誌》拓片值得文學史研究者特別注意。《隋永嘉郡松陽縣令宇文弁才墓誌》，二〇〇五年出土於洛陽市北邙山。誌文首題『隨故永嘉郡松陽令宇文府君墓誌銘并序』，爲唐韋應物於永泰元年撰書，是迄今爲止所發現的最早的一通由詩人撰書的墓誌。現藏山西省博物館的政和六年（一一一六年）之《宋田子茂墓誌》，撰文者是宋著名詞人周邦彦，一九五七年八月於山西忻縣出土。此誌及拓片兼具歷史價值與藝術價值，雖一九五八年曾發表於《文物參考資料》第五期，但至今知者甚稀！著名學者山西張頷先生邊跋曰：『因出土較晚，故未顯於世。一九八〇年香港羅忼烈先生所著《周邦彦詩文輯存》一書（一山書屋有限公司出版）中始作爲書影圖版正式著録。』讀者不可不察。

石刻上刻撰書人姓名，始於東漢，其人皆書佐與小吏；到唐代始有名書家與顯官撰書之碑。但大書家如唐之歐、虞、褚、薛、顔、柳，宋之蘇、黄、米、蔡等之書法，均未見於墓誌。可能因墓誌埋於墓内，而非供人觀賞，故名家不爲，但斷不能因此小視甚或忽略墓誌的書法藝術價值。關於這一點，仁者見仁，智者見智，讀者自可體悟，筆者不再贅言。

是集的編輯，凡馮先生購於廠肆者，均不標明原始出處，又限於筆者的學識能力，關於碑誌年代順序的編定、誌文的釋讀等諸多方面，一定謬誤不少，希望廣大讀者與相關專家指正！

滀水孫熙春謹序於益損齋北窗，時在癸巳中秋

墓誌原石

……誌銘并序
……陽縣開國男食邑三百戶令狐綯撰
建丑月之五日 天水狄公薨于洛師履道里之私第
於徽數 公諱兼謩字汝諧其先周之後也成王少子
州之強家大姓至後秦建國天水狄伯支為佐命之臣晉史稱
忠公仁傑天錫大忠獨遏鳴牝續 皇綱於既絕復
公焉 曾祖仁續皇潞州長子縣令 祖光友洺州長史
有奇狀及長姿度庬異魁偉動有老成之風讀書觀其大略為
司取士柄選 公於衆擢登上第既而言曰某技 狄某
辭是為京師聞人 鄭相國餘慶作藩岐隴將行辟聘
兵之事委 公 公乃賦車籍馬疊發伍符精甲數千一夕齊
又從孟尚書於襄陽 憲皇在宥厲精理道時綯
諸徵為左拾遺由一命之秩昇五諫之列仍自草 制美叅
天子以河朔大兵之後凶荒赤地 公與語
大旨皇澤浹人肌骨還郭以右補闕酬焉改侍御史厲歲

001

大代王珪墓地券

【概要】

王珪（三七四—四三八），幽州范陽郡人。死於大代（北魏）太延四年（四三八）三月廿六日。

誌石灰色，誌高47.5厘米，寬39厘米，厚6.5厘米。銘文十二行，滿行十二字，楷書，有界欄。

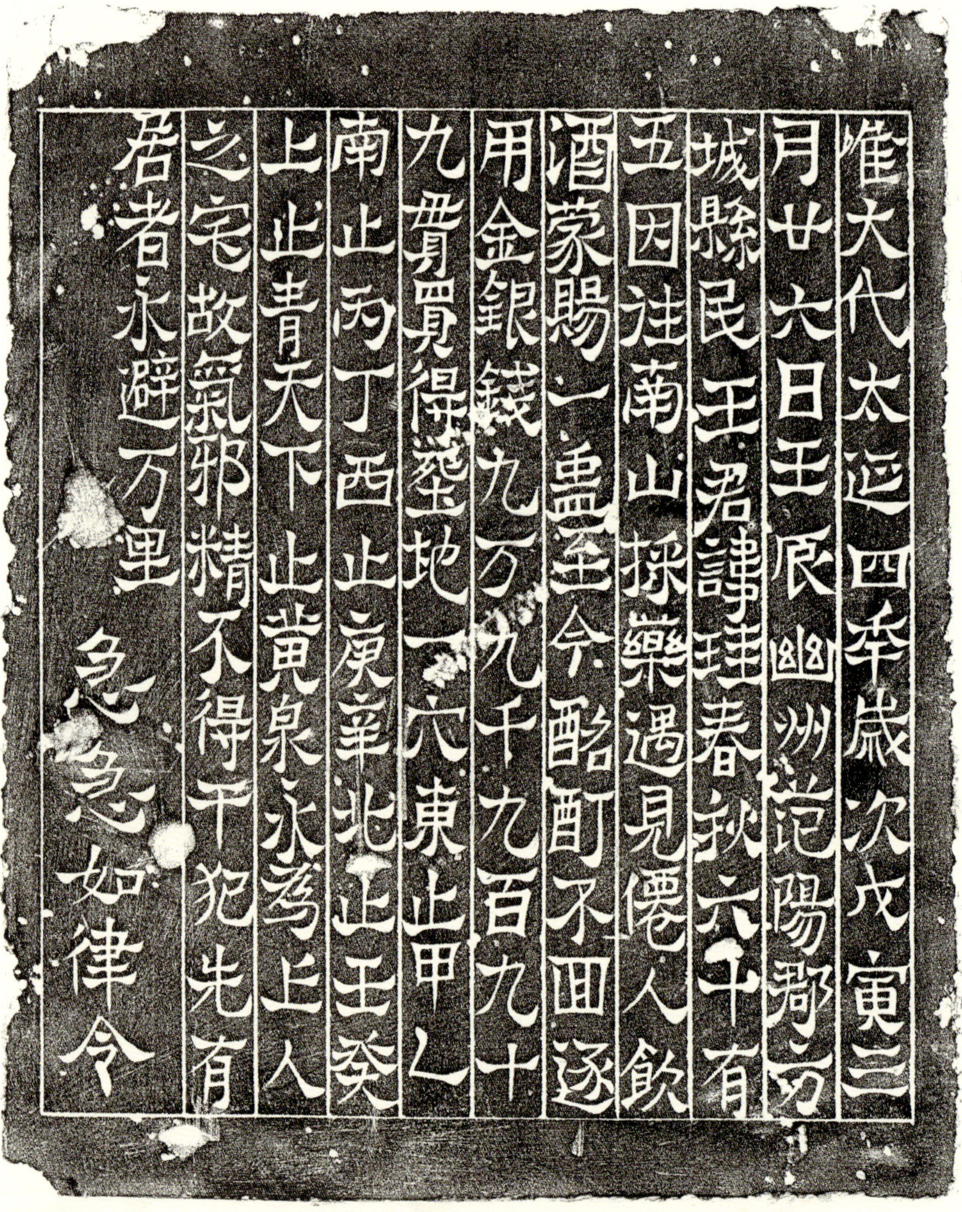

惟大代太延四年歲次戊寅三
月廿六日壬辰幽州范陽郡方
城縣民王君諱珪春秋六十有
五因往南山採藥遇見僊人飲
酒蒙賜一盞至今酩酊不回遂
用金銀錢九万九千九百九十
九貫買得塋地一穴東止甲乙
南止丙丁西止庚辛北止壬癸
上止青天下止黃泉永爲上人
之宅故氣邪精不得干犯先有
居者永避万里　急急如律令

【誌文】

唯大代太延四年，歲次戊寅三月廿六日壬辰，幽州范陽郡方城縣民王君，諱珪，春秋六十有五，因往南山採藥，遇見僊人飲酒，蒙賜一盅，至今酩酊不回。遂用金銀錢九万九千九百九十九貫，買得葬地一穴。東止甲乙，南止丙丁，西止庚辛，北止壬癸，上止青天，下止黄泉，永爲上人之宅。故氣邪精，不得干犯！先有居者，永避万里！

急急如律令

002

大魏房綦墓誌

【概要】

房綦（四八三—五四九），河南洛陽人。東魏武定七年薨葬。

誌高47.5厘米，寬47.3厘米，厚7厘米。青色石質，無誌蓋。銘文二十一行，滿行二十二字，楷書。誌文首題『維大魏武定七年，歲次己巳十一月壬子朔廿一日壬申，故征西將軍員外散騎常侍襄陽侯房君之墓誌銘』。

誌主曾祖房賀抚，大羽真、散騎常侍、襄陽公。祖房吐万，襄陽公、安西將軍、散騎常侍。父房菩薩，青朔二州刺史、北中郎將、安北將軍、駙馬都尉。房綦，征西將軍、員外散騎常侍、襄陽侯。魏武定七年，卒於鄴城里第。

維大魏武定七年歲次己巳十一月壬子朔廿一日壬申
故征西將軍員外散騎常侍襄陽侯房君之墓志銘
君諱綦字紹業河南洛陽人也訪諸晉錄蓋大庭氏之苗
裔家有大人世居領袖曾祖賀拔大羽真散騎常侍襄陽
公祖吐万襲爵襄陽公安西將軍散騎常侍父菩薩青涼
二州刺史北中郎將安北將軍駙馬都尉母景穆皇帝
之長女妻大司馬録尚書司州牧城陽王之元姊慰連皇
室家累公侯早年襲爵除恒州録事繁時縣任參上僚[illegible]
蕪百里將育之道恩惠相濟冀讃之方寬明共濟務轉[illegible]
川録事逌實二蕃聲績光著紹除員外散騎常侍加安西
將軍容譽承明之下委他廊廟之中与鵷鷺同居共珠玉
顗聚累疊階級号斑伦西而未盡名壽春秋六十有七大
魏武定七年二月薨於治下里是以其年十一月廿二日
窆於西門唐西一十五里嗣子哀彼慕義之辞痛此不及
於終養故託友以題書冀紀始而不忘其詞曰
巍巍公侯歲歲將相超彼龍飛戍山鳳楊日月懸功鍾鼎
龍基高門隆崇咸族鴻尚 姻婉帝室光華上國家積珪
璋世居道德風韻宮商威儀 奄抑龍庭鏗鏘鳳閣栖息猗
興咸德當隆上宰奄焉謝世人之何待似玉去山方珠出
海金聲空存芳音徒在日車難返年代易銷行地生草住
[illegible]風高丘墳蕪巨泉屋寥寥春秋空度有慕無朝

【誌文】

維大魏武定七年，歲次己巳十一月壬子朔廿一日壬申，故征西將軍員外散騎常侍襄陽侯房君之墓志銘

君諱纂，字紹業，河南洛陽人。世訪諸圖籙，盖大庭氏之苗裔。家有大人，世民領袖。曾祖賀扶，大羽真、散騎常侍、襄陽公。祖吐万，襲爵襄陽公，安西將軍、散騎常侍。父菩薩，青朔二州刺史、北中郎將、安北將軍、駙馬都尉。母景，魏皇帝之長女。妻，大司馬、録尚書、司州牧、城陽王之元姊。戚連皇室，家累公侯。早年襲爵，除恒州録事，繁時縣。任粲上僚，職兼百里。撫育之道，恩惠相資；翼讃之方，寬明共濟。後轉并州録事。頻翼二蕃，聲績尤著，詔除員外散騎常侍，加安西將軍。容譽承明之下，委他廊庙之中。與鵷鷺同居，共珠玉類聚。累疊階級，号班征西而未盡名壽，春秋六十有七，大魏武定七年二月，薨於治下里第。以其年十一月廿二日，穸於西門庙西一十五里。嗣子哀彼慕義之辞，痛此不及於終養，故託友以題書，冀終始而不忘。其詞曰：

巖巖公侯，峨峨將相。起彼龍飛，成此鳳楊（揚）。日月懸功，鍾（鐘）鼎標量。高門隆崇，盛族鴻尚。姻婉帝室，光華上國。家積珪璋，世居道德。風韻宫商，威儀奄抑。龍庭鏗鏘，鳳閣棲息。猗歟盛德，當隆上宰。奄焉謝世，人之何待。似玉去山，方珠出海。金聲空存，芳音徒在。日車難返，年代易銷。行地生草，住□風高。丘壠□巨，泉庭寂寥。春秋空度，有暮無朝。

003 唐張孝才墓誌

【概要】

張孝才（五九一—六六二），清河武城（今山東省武城西北）人，上元三年（六七六）與夫人慕容氏（？—六七六）合葬於邙山。

誌高52厘米，寬52厘米，厚12厘米，銘文二十四行，滿行二十四字（末行四十一字），楷書，有界格，首題『大唐洛州故伊川府校尉張君之墓誌并序』。盝頂蓋，蓋高51.5厘米，寬52厘米，厚9厘米，銘文二行，行二字，陽刻篆書『張君墓誌』，四周陰刻十二生肖紋。《全唐文補遺》《龍門區系石刻文萃》著録誌文。

誌主曾祖張翟，周安南將軍、銀青光禄大夫、岐州刺史。祖張嵩，齊韓昌王别駕。父張珎，隨（隋）魏州魏縣令。張孝才，任伊川府校尉，龍朔二年（六六二）卒於私第。夫人慕容氏，河南洛陽人，上元三年卒。

【誌蓋】
張君
墓誌

【誌文】

大唐洛州故伊川府校尉張君之墓誌并序

君諱孝才，字政，清河武城人也。襄城訪道，長驅齊七聖；中陽稱帝，宏謀冠三傑。出相河澗，妙窮機思；入承鼎鉉，聲高博物；暉暎圖篆，可略言焉。曾祖翟，周任安南將軍、銀青光禄大夫、岐州刺史。細柳開營，英威馳異域；扶風露冕，河潤浹京都。銀艾相光，棨戟齊列。祖嵩，齊任韓昌王別駕。既奏韋孟之詩，斯騁龐參之足。父珎，隨（隋）任魏州魏縣令。政偃蝗飛，琴鳴鸞儛。君積慶集祉，種德隆基；幼挺奇姿，長標聲實。慕擊猿於劒術，恥談經於腐儒；衝突鬢於豪曹，矯虚弓於雲雁。壯心莫擬，武藝超倫；万里封侯，相殊定遠；五校參列，情等嗣宗。乃任伊川府校尉。偶六郡之良家，厠千夫之戎幕，侍衛餘隟，軍政告休，縱賞士林，留連勝景。投周醪而叶契，澄黄陂以比德；翼騰遷於龍頟，遽結禍於巂巢。以龍朔二年八月十四日，卒於福善里第，春秋七十有二。夫人慕容氏，河南洛陽人也。天孫遠胄，驕子分枝；粤以華宗，言嬪望族。夫人婉嫕之德，紃組之工；道暎女圖，式光母範。既申歡於舉案，亦展敬於如賓。和通琴瑟，克終偕老。以上元三年正月九日，卒於思順里第，春秋七十一。粤以上元三年歲次乙亥三月己亥朔十七日乙卯，合葬於邙山，禮也。嗣子仁忠，痛音徽之永謝，懼陵谷之貿遷；敬勒銘於泉户，庶紀德於幽埏。乃爲銘曰：

猗歟茂族，慶緒靈長。淮陽學禮，常山拜王。簪紱交暎，蘭菊齊芳。譽隆台鉉，道藹縑緗。誕兹英哲，聿承洪胄。驥騄騰彩，珪璋發秀。飛旌漢南，褰帷關右。羽儀冠冕，藩維領袖。贊□梁園，曳裾魏邸。博聞好古，敦詩悦禮。翼子謀孫，崇基繼體。粤惟夫子，束髮從仕。既擅文塲，兼融武技。翼隆遐祚，忽墜窮泉。偶兹良媛，同蔽幽埏。含酸万古，泣涕千年。敬騰芳於翠琰，庶無愧於彫鐫。

004

大周王夫人（婺）墓誌

【概要】

王夫人婺（六七三—六九五），山西太原人。

誌高33厘米，寬33厘米，厚6厘米，銘文十六行，滿行十六字，楷書，首題『大周通直郎行司府寺平準署丞夫人王氏墓誌銘并序』。盝頂蓋，蓋高34厘米，寬34厘米，厚9厘米，銘文三行，行三字，陰刻篆書『大周故王夫人墓誌銘』。

誌主父王應，唐□高縣令，早亡。王夫人婺，適達奚氏，證聖元年（六九五）思父遘疾而卒，有一子。

按：此誌是武周時期的誌，碑文中多有武則天新造的字，請讀者注意。

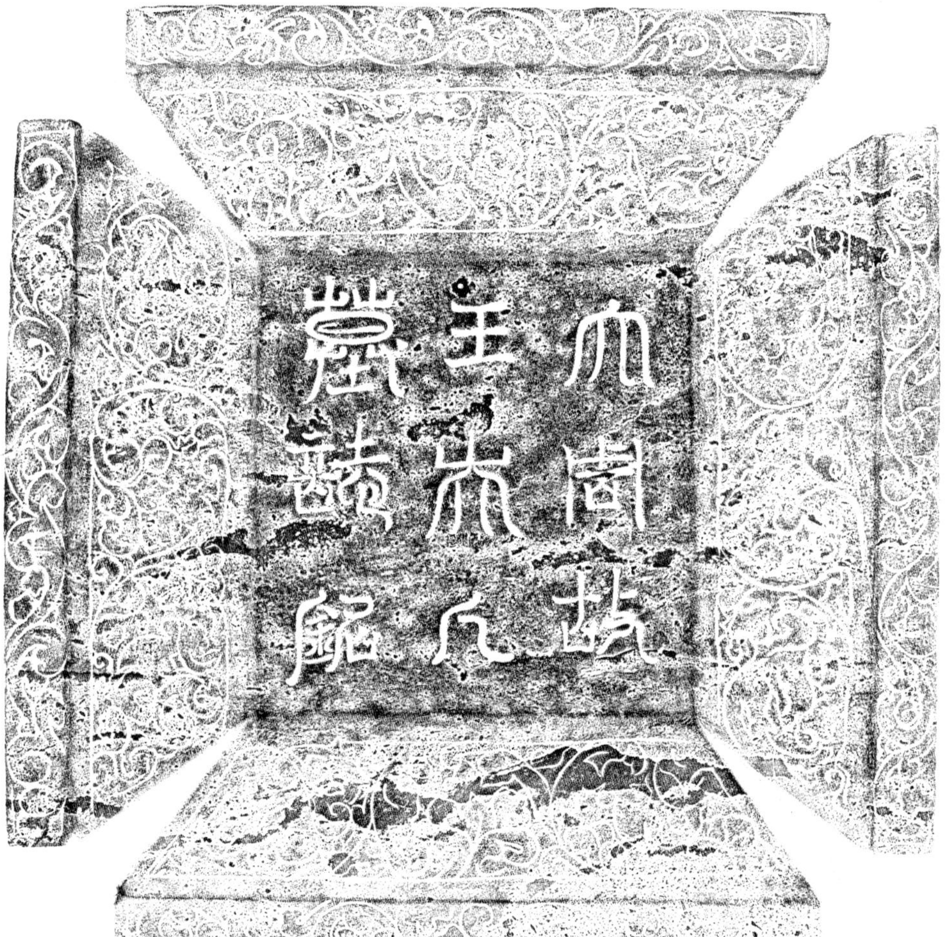

【誌蓋】大周故王夫人墓誌銘

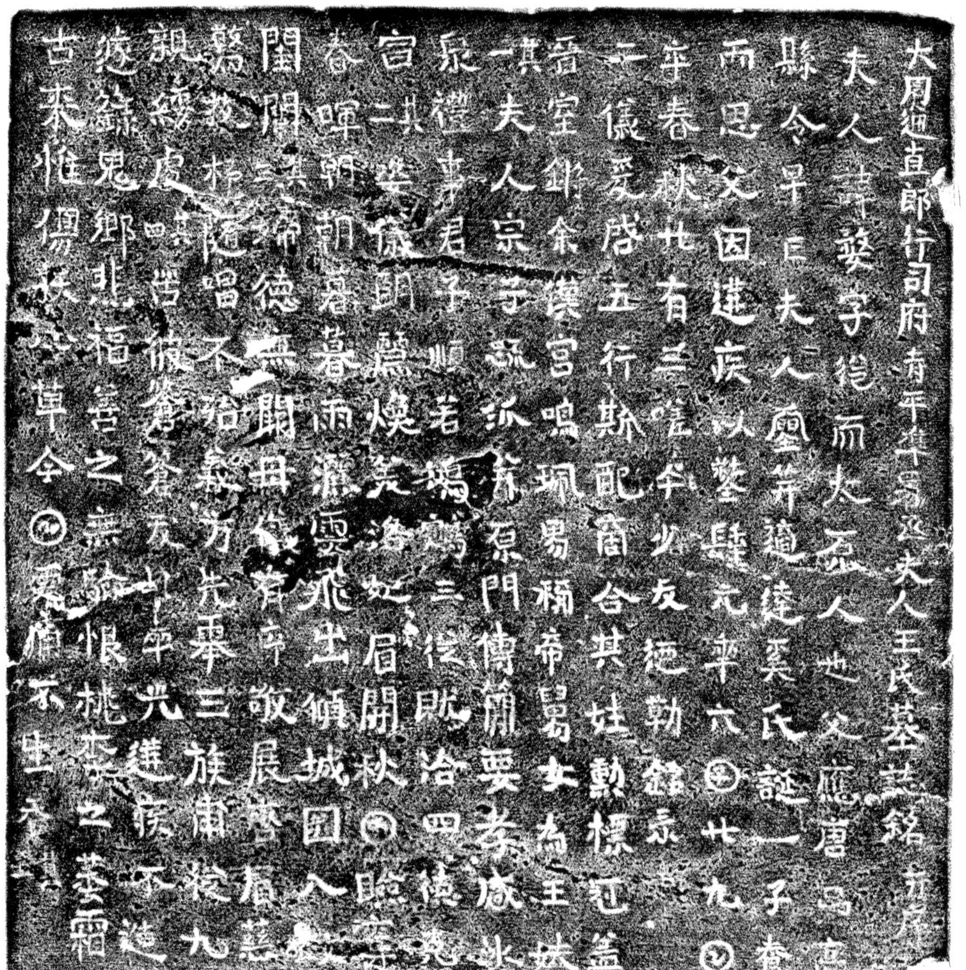
大周廸直郎行司府寺平準署丞夫人王氏墓誌銘并序

【誌文】

大周通直郎行司府寺平準署丞夫人王氏墓誌銘并序

夫人諱婺，字從天，太原人也。父應，唐□高縣令，早亡。夫人初笄，適達奚氏，誕一子，養而思父，因遘疾，以證聖元年六月廿九日卒，春秋廿有三。嗟乎！少友迺勒銘曰：

二儀爰啓，五行斯配。商合其姓，勳標冠盖。晉室鏘余（金），漢宫鳴珮。男稱帝舅，女爲王妹。其一夫人宗子，疏派并原。門傳簡要，孝感冰泉。禮事君子，順若鴻鵷。三從既洽，四德克宣。其二姿儀朗麗，焕美洛妃。眉開秋日，臉奪春暉。朝朝暮暮，雨灑雲飛。出傾城囩（國），入教閨闈。其三婦德無闕，母儀有序。敬展齊眉，慈驚投杼。隨唱不殆，義方先舉。三族甫從，九親纔處。其四苦彼蒼蒼，犮此年光。遘疾不造，遽籙鬼鄉。悲福善之無驗，恨桃李之萎霜。古來惟傷疾風草，今日更痛不生香。其五

005

唐司馬元恪墓誌

【概要】

司馬元恪（六六三—七一三），懷州河内（今河南沁陽）人，開元三年（七一五）葬於鄴城西南十二里。誌高56厘米，寬55厘米，厚9.5厘米，銘文二十一行，滿行二十三字，楷書，有界格，首題『唐故上柱國司馬君墓誌銘并序』。盝頂蓋，蓋高56厘米，寬55厘米，厚9.5厘米，銘文二行，行二字，陽刻篆書『司馬君誌』，四周卷草紋。《洛陽新獲七朝墓誌》《龍門區系石刻文萃》著録誌文。

誌主祖司馬孝通、父司馬基，均未任官。司馬元恪，以戰功授上柱國，卒於先天二年（七一三），有子司馬崇寂等。

【誌蓋】
司馬
君誌

唐故上柱國司馬君墓誌銘并序

唐故上柱國司馬君墓誌銘并序
若夫五馬浮江一龍飛漢昌華晉國惟我家子周知長門有
作賦之才柔條標容凶之嵾山河秀氣與八宿而齊明人物
國華共三才而合德君諱元恪字敬本家本懷州河內人也
祖孝通父基並性逸山泉志輕軒蓋園林竹樹仲長統之齊
芳築室閑居潘安仁之雅量公稟山澤之倚精得星辰之勝
氣横行柳塞勇冠三軍直出榆關聲飛七萃勳庸克就功勳
爰登益於大足元年遂授公上柱國栖遲鄉曲游賞亭池秋
月叢庭便奏鵾鷄之弄春花發日言飛鸚鵡之杯瑯琊庭而
風彩生杞梓抽而賢才出公身德行誰敢先之嗚呼哀哉不
謂石火不停道颯難任郭龍驚夢賈鳥為灾緑琴無竹林之
期丹旐有松扃之隧公春秋五十有一歿於先天二年夫人
卽以開元三年歲次乙卯二月癸丑朔三十日壬午葬於鄴
城西南十二里東連桑菀望花柳於三春北近漳觀風波之
二水有子崇舜等歎北邙而永慕悲南院以痛情恐陵谷而
有遷勒金石而為固言邀下走乃作銘云其詞曰
晉國之威河內貴孫金王入座朱紫盈門風煙是歇人物仍
存其德如桂其明若琨其一山河之氣廊廟之材風雲間出英
傑時來蛟龍入筆鸚鵡隨杯山泉見乾煙月徘徊其二百年已
矣三樂無時忽辭華室泉路何之白馬將送黃鳥為詩一朝
親友万古相思其三

【誌文】

唐故上柱國司馬君墓誌銘并序

若夫五馬浮江，一龍飛漢；昌華晉國，惟我家乎。固知長門有作賦之才，柔條標容止之譽。山河秀氣，與八宿而齊明；人物國華，共三才而合德。君諱元恪，字敬本，家本懷州河内人也。祖孝通、父基，并性逸山泉，志輕軒盖。園林竹樹，仲長統之齊芳；築室閑居，潘安仁之雅量。公禀山澤之奇精，得星辰之勝氣。横行柳塞，勇冠三軍；直出楡關，聲飛七萃。勳庸克就，功勣爰登。至於大足元年，遂授公上柱國。栖遲鄉曲，遊賞亭池。秋月凝庭，便奏鵾鷄之弄；春花笑日，言飛鸚鵡之杯。琳瑯座而風彩生，杞梓抽而賢才出。公身德行，誰敢先之。嗚呼哀哉！不謂石火不停，道飆難住。郭龍驚夢，賈鳥爲灾。緑琴無竹林之期，丹旐有松扃之慘。公春秋五十有一，殁於先天二年。夫人即以開元三年，歲次乙卯二月癸丑朔三十日壬午，葬於鄴城西南十二里。東連桑菀，望花柳於三春；北迩漳（疑脱一字），覩風波之二水。有子崇寂等，歎北邙而永慕，悲南陔以痛情；恐陵谷而有遷，勒金石而爲固。言邀下走，乃作銘云。其詞曰：

晉國之盛，河内貴孫。金玉入座，朱紫盈門。風煙是歇，人物仍存。其德如桂，其明若琨。其一 山河之氣，廊廟之材。風雲間出，英傑時来。蛟龍入筆，鸚鵡隨杯。山泉見乾，煙月徘徊。其二 百年已矣，三樂無時。忽辞華室，泉路何之。白馬將送，黄鳥爲詩。一朝親友，万古相思。其三

唐故上柱國司馬君墓
若夫五馬浮江一龍飛
作賦之才柔條標容止
國華英三才而合德君
祖孝通父基並性逸山
芳築室閑居遂安仁之
氣横行柳塞勇冠三軍

墓誌銘并序
飛漢昌華晉國惟我家
山之譽山河秀氣與八
君諱元恪字敬本家本
山泉志軒軒盡園林竹
之雅量公稟山澤之倚
軍直出榆關聲飛屯華

惟我家子固知長門有
氣與八宿而齊明人物
本家本懷州河内人也
園林竹樹仲長統之齋
澤之倚精得星辰之勝
飛七葉勲庸克就功勣

氣横行枊塞勇冠三軍
爰登至於大足元年遂
月殿庭便奏鵰鶚之弄
風彩生杷梓抽而賢士
謂石火不停道飃難住
期丹旐有松扃之慘公

軍直出掄闈聲飛七萃
遂授公上柱國栖遅鄉
弄春花笑曰言飛鸚鵡
十出公身德行誰敢先
任郭龍驚夢貫鳥爲灾
公春秋五十有一歿於

飛七萃勳庸既功勳
栖遲鄉曲遊賞亭池秋
飛鸚鵡之枝琳瑯厓而
誰敢先之嗚呼哀哉不
馬為灾綠琴無竹林之
一殁於先天二年夫人

即以開元三年歲次乙
城西南十二里東連參
二水有子崇舜等敷北
有遷勒金石而為圖言
晉國之盛河內貴孫金
存其德如桂玉明若琨

乙卯二月癸丑朔二十
叅莬望花柳於三春北
北邙而永慕悲南陔以
言邈下逵乃作銘云其
金玉入塵朱紫盈門風
琨其一山河之氣郁廟之

朔三十日壬午葬於鄭

三春北迩漳觀風波之

南院以痛情恐陵谷而

銘玄其詞曰

盈門風煙是歇人物仍

廊廟之材風雲間出莫

有遷勒金石而爲圖言
晉國之盛河內貴孫金
存其德如桂其明若琨
傑時來鼓龍入筆鶚鳴
矣三樂無時忽諱華室
親友万古相思其三

言邈下走乃作銘云其
金玉入座朱紫盈門風
規一其山河之氣郁廟之
鷗隨杯山泉見乾煙月
室泉路何之白馬將送
人

銘云其詞曰
盈門風煙是影人物仍
廊廟之材風雲間出莫
乾煙月徘徊其百年已
馬將送黃鳥為詩一朝

006

唐裴恒墓誌

【概要】

裴恒（七〇八—七三二），河東聞喜（今山西運城）人，開元廿年（七三二）權厝於龍門鄉龍門原。

誌高32厘米，寬31厘米，厚8厘米，銘文十八行，滿行十九字，楷書，有界格，首題『□□裴君墓銘并序』。盝頂蓋，蓋高32厘米，寬30厘米，厚7厘米，銘文三行，行三字，陰刻篆書『大唐故裴府君墓誌銘』。

誌主曾祖裴仁穎，韓城縣令。祖裴敬式，朝散大夫、雍州新豐縣尉。父裴河平，常州司功參軍。裴恒，太廟齋郎，開元廿年，遇疾卒於康俗里之私第。

【誌蓋】

大唐故裴府君墓誌銘

裴君墓銘并序

【誌文】

□□裴君墓銘并序

裴氏之先，出自顓頊，逮秦后子居晋，晋封裴中，因以命氏，其亦尚矣。夫天之將盛也，必在乎纍德；族之將茂也，必在乎英賢。故能克濟家邦，奕代軒冕。君之襲慶，略可詳焉。君諱恒，字道生，河東聞喜人也。曾祖仁穎，皇同州韓城縣令。宓子賤之政，弦歌以聞。祖敬式，皇朝朝散大夫、雍州新豐縣尉。鄗京雄要，神仙自高。父河平，常州司功參軍。椽（掾）曹作吏，名振東海。君又以《易》有恒久利貞之義，遂以名之。自誕也，省於戲弄；其冠也，貌以魁梧。雖不讀書，文章若同於天授；雖不學劍，武藝以比於宿成。將以矯翮雲霄，用材梁棟。悲夫！天之不祐，曷其枉諸！向天假餘齡，未可量也。君以鴻漸之階，充太廟齋郎，蓋隨時也。春秋廿有五，遇疾卒於康俗里之私第。以開元廿年，歲次壬申四月癸酉朔廿五日丁酉，權厝于龍門鄉龍門原之禮也。遂作銘曰：

猗歟裴君，温兮如玉。德音以遠，壽兮何促！嗟嗟乎乎，天兮不矚。

裴君墓銘并序
氏之先蓋自顓頊
命氏其亦嗣矣夫大之
之將哉也公子
者之路馬謹焉君
也曾祖皇同州韓城

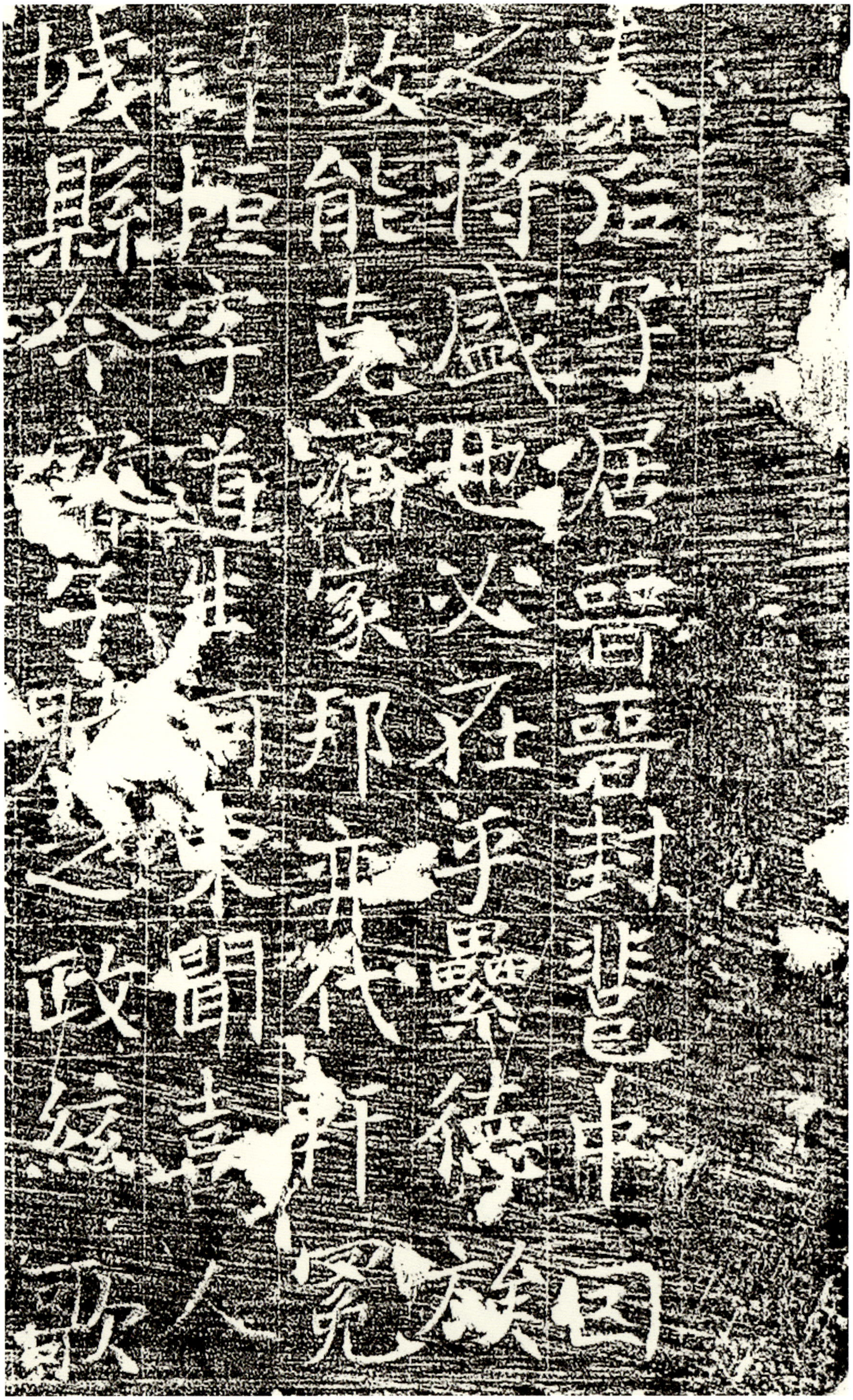

美着守居晉晉封甞申因
之將盛趣文仕于鄴德族
改能克濟家邦基代軒冕
桓守道生司長聞京人
城縣令京字顯之政終歌

也曾祖父禎皇同州韓城
以門祖敬式皇朝朝散大
雄要神仙自高父河平常
名振東海君莫以易有君
自述也者於獻于廷近也
亭君同於天授錐文學敘

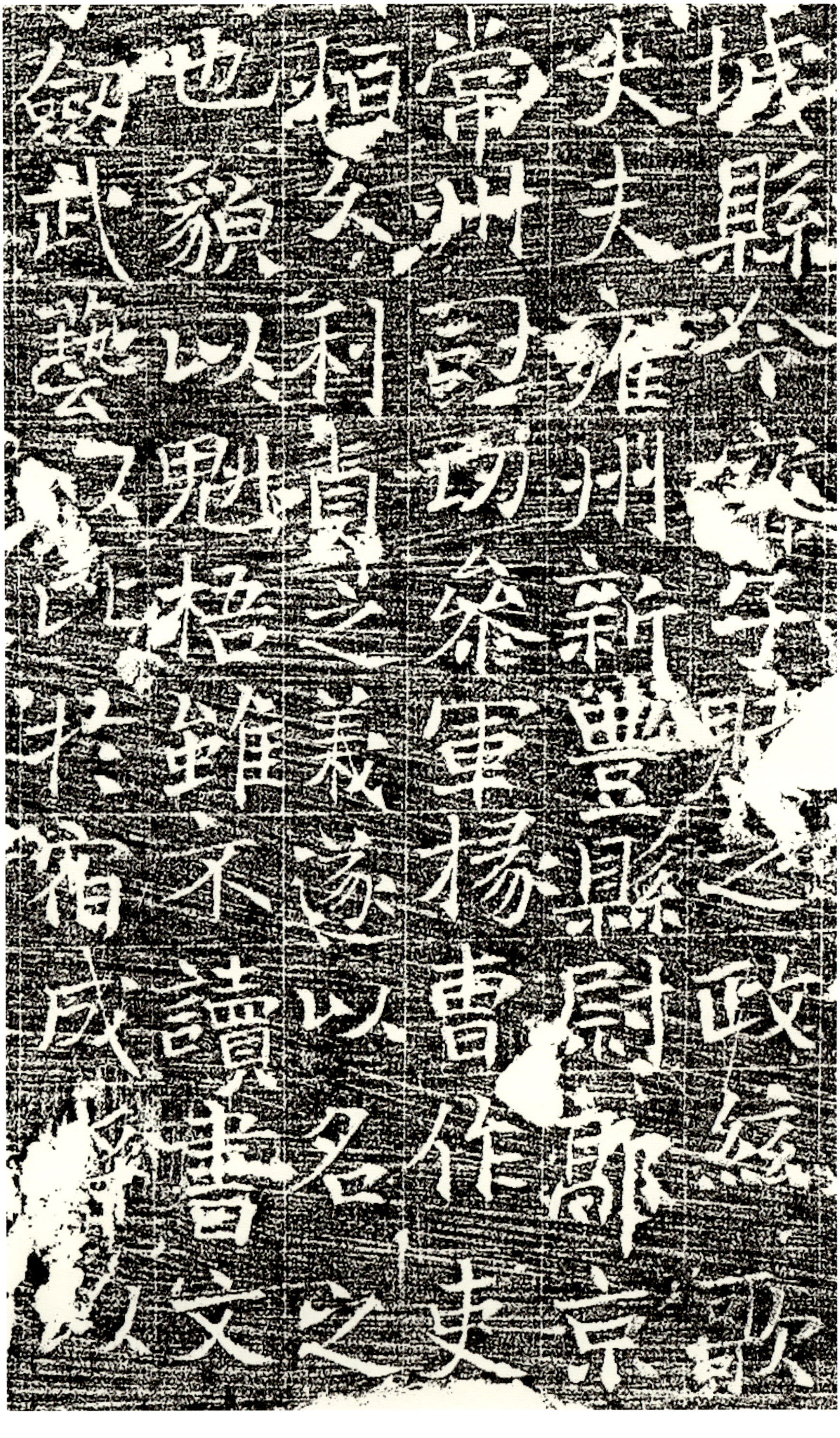

城縣令□□□之政絃歌
夫大夫雍州新豐縣尉郎京
常州司功參軍楊書作吏
頃又利貞之義遂以名之
也貌以魁梧雖不讀書文
命武藝以訖於宿成□故

享君日於天授鎮不學鈞
矯關要資用材梁棟悲夫
矣假餘懸車可量也君以
蓋隨時也春秋卅有五遇
人閑光升年歲次壬申四
權居于龍門鄉龍門原之

餘武藝又□於宿成□
夫夫之家祐昌其杜諸尙
以鴻漸之階充太廟齋郎
遇疾卒於康俗里之私第
四月癸酉朔廿五日丁酉
之禮也遂爲銘曰

天假餘歟，未可量也。君以
蓋隨時也。春秋卅有五，遇
以開元廿年歲次壬申四
權厝于龍門鄉龍門原之
禮[illegible]也。君子兮，如玉德音
于天乎不[illegible]

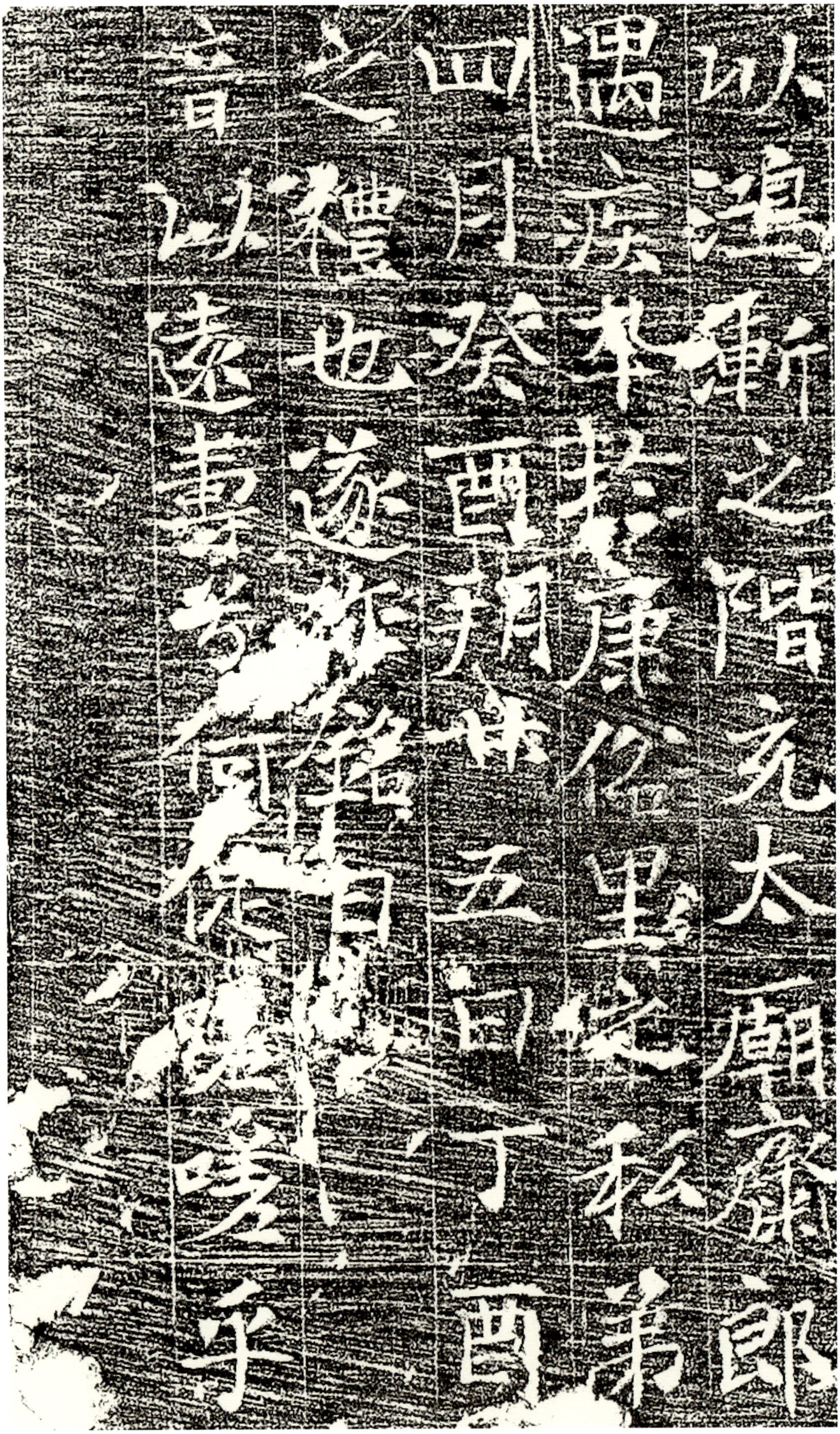
以鴻漸之階充太廟齋郎
遇疾卒於康俗里之私第
四月癸酉朔廿五日丁酉
之禮也遂作銘曰
音以遠事芳何依[illegible]嗚呼

007

唐裴智墓誌

【概要】

裴智（六八五—七四六），河東（今山西）人，天寶六載（七四七）葬於龍首原。

誌高59厘米，寬57厘米，厚11厘米，銘文二十六行，滿行二十六字，隸書，有界格，首題『大唐故忠武將軍行右龍武軍翊府中郎將賜紫金魚袋上柱國贈本軍將軍裴府君墓誌銘并序』。盝頂蓋，蓋高58厘米，寬57厘米，厚11厘米，銘文三行，行三字，陰刻篆書『大唐故裴府君墓誌銘』，四周卷草紋。《龍門區系石刻文萃》著録誌文。

誌主曾祖裴道繼，祖裴滔。父裴昕，官至游擊將軍。裴智，鳳州歸真府右果毅、京兆府鳳鳥府折衝、宣威將軍、右武衛郎將、賜紫金魚袋、上柱國、忠武將軍、右龍武軍翊府中郎。天寶五載卒於長安私第。有子裴仙萼等。

【誌蓋】
大唐故
裴府君
墓誌銘

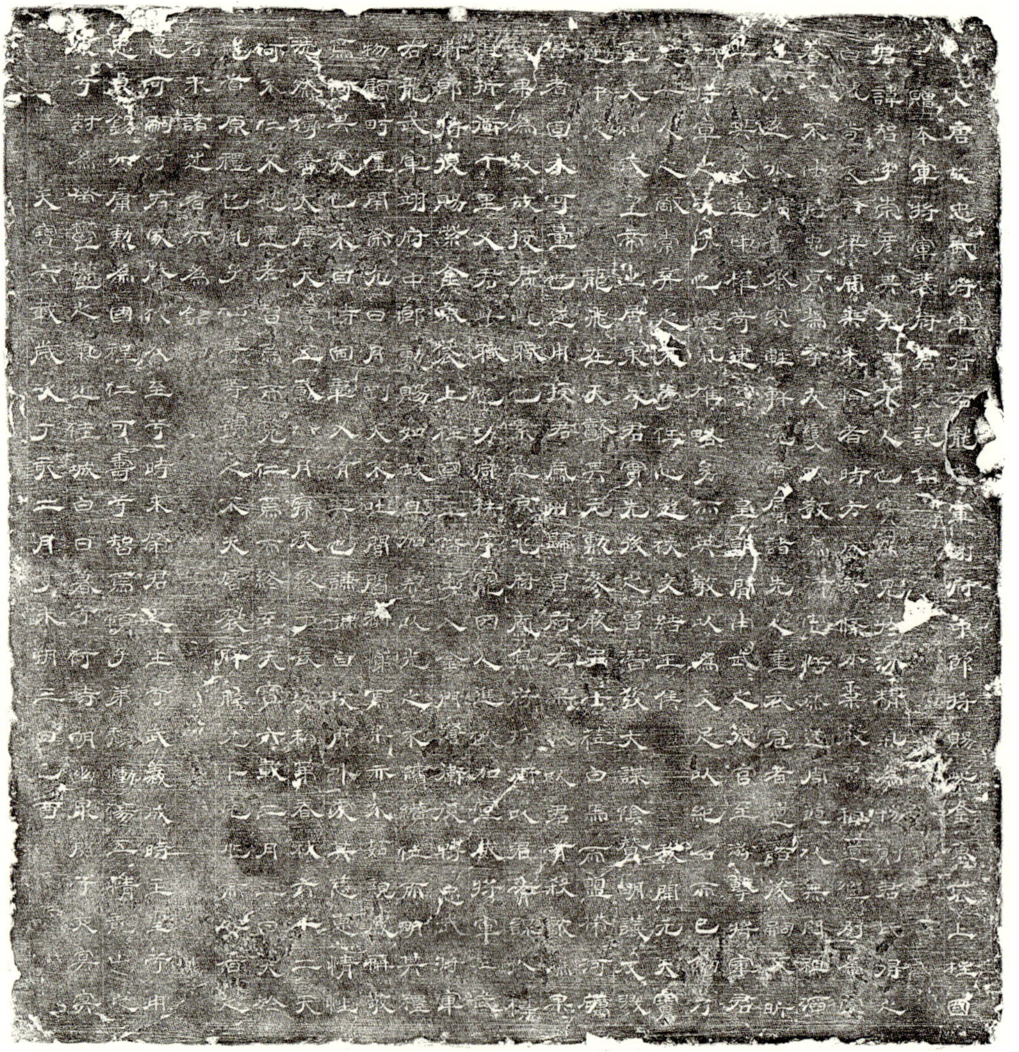

【誌文】

大唐故忠武將軍行右龍武軍翊府中郎將賜紫金魚袋上柱國贈本軍將軍裴府君墓誌銘并序

君諱智，字崇彥，其先河東人也。寶鼎見於汾，精氣爲物，則君氏得之。自魏晉及齊梁間，乘朱輪者，時方盛矣。條分葉散。曾祖道，繼別爲宗，養□不仕，轉忠貞爲孝友，變政教爲清虚，恬然道周，遁代無悶。祖滔，遥分遠派，積善承家。輕軒冕者，屬諸先人；重衣冠者，遺諸後嗣。父昕，世濟其美，道中權奇，逮皇朝間，用武之德，官至游擊將軍。君即將軍之後子也。體氣雄略，幼而英敏，以爲文足以紀名而已，劒乃止一人之敵，常棄之不學。任心遊俠，交結王侯。我開元天寶聖文神武皇帝出居東□，君實先後之。曾潛發大謀，陰贊明議，及戮逆中夜，龍飛在天，懿其元勳，參厥名士，莅白馬而盟，帶河礪嶽者，固永可量也，遂用，授君鳳州歸真府右果毅，以君有殺敵爲果，致果爲毅，故授君此職也。纍遷京兆府鳳鳥府折衝，以君有謀於樽俎，折衝千里。又君此職也，功同秩序，寵因人進。俄加宣威將軍、右武衛郎將、復賜紫金魚袋、上柱國。玉階出入，金門警衛。復轉忠武將軍、右龍武軍翊府中郎。勳賜如故，且加勳以光之，不績纘位而明其禮物，顧眄廛閈，榮光日月。剛亦不吐，閭閻稱悌焉；柔亦不茹，親戚稱敬焉。何其處也，不自恃固彰，必有與也，謙謙自牧，内外愛其慈惠，情性洗然獨善。大唐天寶五載八月，寢疾終於長安私第，春秋六十二。天何不仁，不慭遺老，智焉而斃，仁焉而終。至天寶六載二月三日，窆於龍首原，禮也。胤子仙蕚等，號之不天，屠裂肝膽，允卜宅兆而安厝之，乃求諸述者而爲銘：

德可嗣兮君家聲。代及至兮時來榮。君之生兮武義成。時主聖兮用忠貞。錫尔庸勳爲國程。仁可壽兮智焉傾。子弟□慟傷五情。龍山之原兮封爲塋。鬱鬱之氣近佳城。白日暮兮何時明。幽泉閟兮夜冥冥。

天寶六載歲次丁亥二月丁未朔三日己酉

008

唐李友墓誌

【概要】

李友（六八三—七六三），郡望隴西，長子縣（今山西長子）人，寶應二年（七六三），葬於長子縣東南三里平原。

誌高58厘米，寬57厘米，厚13.5厘米，銘文二十行，滿行二十字，楷書，首題『唐故雲騎尉隴西李府君墓誌并叙』。

誌主曾祖李和子，上柱國。祖李英哲，不仕。父李友貞，雲騎尉。李友，寶應二年，卒於私第。孤子李仲宗。

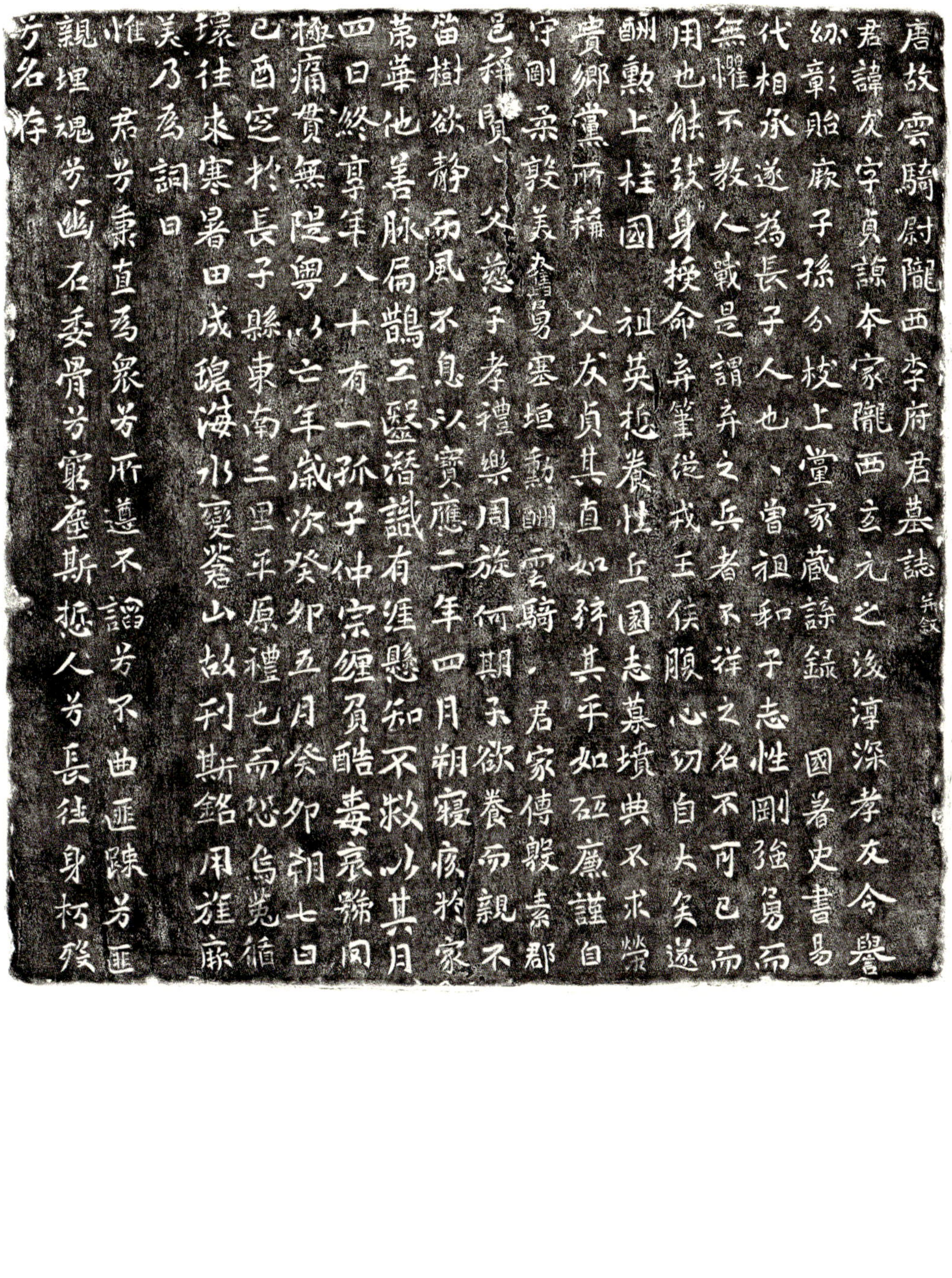

唐故雲騎尉隴西李府君墓誌并叙
君諱友字貞諒本家隴西玄元之後淳深孝友令譽
幼彰貽厥子孫分枝上黨家藏諱録　國著史書易
代相承遂為長子人也、曾祖和子志性剛強勇而
無懼不教人戰是謂弃之兵者不祥之名不可已而
用也能致身授命弃筆從戎王侯腹心翊自大矣遂
酬勳上柱國　祖英摠養性丘園志慕墳典不求榮
貴鄉黨所稱　父友貞其直如弦其平如砥廉謹自
守剛柔毅美奮勇塞垣勳酬雲騎、君家傳毅素郡
邑稱賢、父慈子孝禮樂周旋何期子欲養而親不
留樹欲靜而風不息以寶應二年四月朔寢疾於家
萬華佗善脉扁鵲工醫潛識有徑懸知不救以其月
四日終享年八十有一孫子仲宗緾負酷毒哀號罔
極痛貫無隍粤以亡年歲次癸卯五月癸卯朔七日
己酉窆於長子縣東南三里平原禮也而恐烏兔循
環往來寒暑田成碧海水變蒼山故刊斯銘用旌厥
美、乃為詞曰
惟　君兮秉直為衆兮所遵不諂兮不曲匪踈兮匪
親埋魂兮幽石委骨兮窮塵斯悲人兮長往身朽殁
兮名存

【誌文】

唐故雲騎尉隴西李府君墓誌并序

君諱友，字貞諒，本家隴西，玄元之後。淳深孝友，令譽幼彰。貽厥子孫，分枝上黨，家藏諜録，國著史書，易代相承，遂爲長子人也。曾祖和子，志性剛强，勇而無懼，不教人戰，是謂棄之，兵者不祥之名，不可已而用也。能致身授命，棄筆從戎，王侯腹心，功自大矣，遂酬勳上柱國。祖英悊，養性丘園，志慕墳典，不求榮貴，鄉黨所稱。父友貞，其直如弦，其平如砥。廉謹自守，剛柔敦美。奮勇塞垣，勳酬雲騎。君家傳殷素，郡邑稱賢。父慈子孝，禮樂周旋。何期子欲養而親不留，樹欲静而風不息，以寶應二年四月朔，寢疾於家第。華佗善脉，扁鵲工醫；潛識有涯，懸知不救。以其月四日終，享年八十有一。孤子仲宗，纏負酷毒，哀號罔極，痛貫無隄。粤以亡年歲次癸卯五月癸卯朔七日己酉，窆於長子縣東南三里平原，禮也。而恐烏兔循環，往來寒暑；田成碧海，水變蒼山。故刊斯銘，用旌厥美。乃爲詞曰：

惟君兮秉直，爲衆兮所遵。不諂兮不曲，匪踈兮匪親。埋魂兮幽石，委骨兮窮塵。斯悊人兮長往，身朽歿兮名存。

009

唐公孫宏墓誌

【概要】

公孫宏（七七三—八一四），京兆萬年（今陝西西安）人，唐元和十年（八一五），葬於洛陽縣伊川鄉陽魏村。

誌高31厘米，寬31厘米，厚10厘米，銘文十行，滿行十字，楷書。

誌主父公孫翰，爲神策將。公孫宏，池、楚二州軍事押牙。元和九年，卒於洛陽歸仁坊，時妻初入室，腹有遺胤。

【誌文】

公孫宏，京兆萬年人也。父諱翰，嘗爲神策將。宏亦薄霑武職，歷池、楚二州軍事押牙。春秋四十有二，以大唐元和九年十二月廿八日，遘疾卒于東都歸仁坊。十年正月二日，窆于城東七里洛陽縣伊川鄉陽魏村。妻初入室，腹有遺胤。哀哉！刻兹片石，沉尔幽遂。

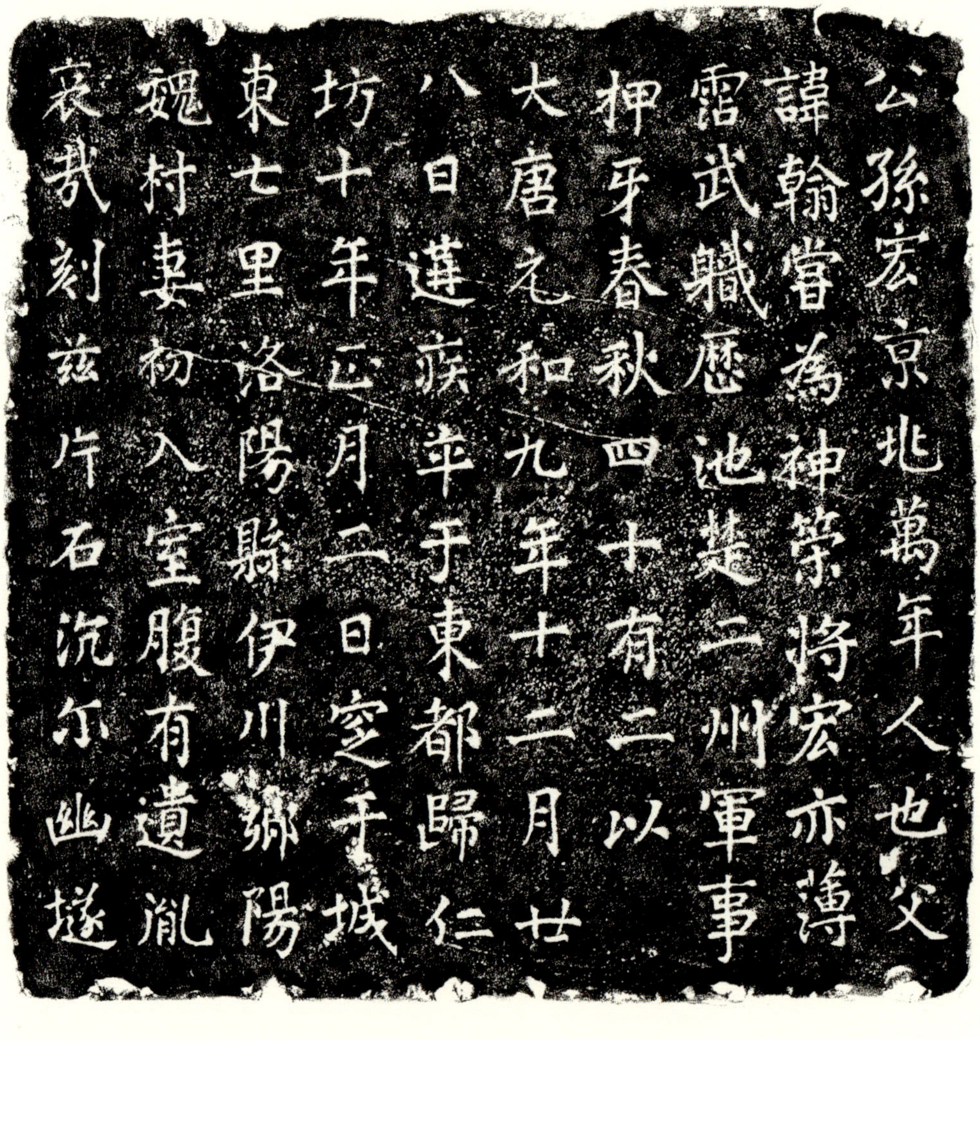

010

唐狄兼謨墓誌

【概要】

狄兼謨（七七七—八四九），天水人。兩《唐書》有傳，《資治通鑒》《册府元龜》等記其事。葬於河南府洛陽縣金墉鄉雙洛村。

誌高94厘米，寬94厘米，厚19厘米，銘文四十三行，滿行四十五字，楷書，首題『唐故銀青光禄大夫檢校尚書右仆射判東都尚書省事兼御史大夫河東都留守東都畿汝州都防禦使上柱國汝南縣開國侯食邑一千户贈司空□□狄公墓誌銘并序』。令狐綯撰文，裴翻書丹。二十世紀九十年代出土於洛陽邙山，青色石質。墓誌表面局部風化，殘泐二百一十餘字，仍存一千四百三十餘字。

誌主曾叔祖狄仁傑，唐代名臣。曾祖狄仁續，長子縣令。祖狄光友，洺州長史，贈懷州刺史。父狄□邁，纍贈左仆射。狄兼謨，銀青光禄大夫、檢校尚書右仆射、判東都尚書省事、御史大夫、河東都留守、東都畿汝州都防禦使、上柱國、汝南縣開國侯。夫人韋氏，扶風郡人。有子二人：長曰狄咸中，次曰狄禎前。

【誌文】

唐故銀青光禄大夫檢校尚書右僕射判東都尚書省事兼御史大夫充東都留守東都畿汝州都防禦使上柱國汝南縣開國侯食邑一千户贈司空□□狄公墓誌銘并序

翰林學士、太中大夫、□□□舍人、上柱國、彭陽縣開國男、食邑三百户令狐綯撰

聖敬文思和武光孝皇帝嗣立之第□□□□□□二建丑月之五日，天水狄公薨于洛師履道里之私第，享年七十三。上震悼，□□□□册上公□於徽數。公諱兼謨，字汝諧，其先周之後也。成王少子孝伯，封於狄城，因而命氏焉。秦并天下，□□隴西，爲秦州之强家大姓。至後秦建國天水，狄伯支爲佐命之臣，晉史稱曰名將子孫。今爲天水人。曾叔□□□□輔，梁文惠公仁傑，天錫大忠，獨遏鳴牝，續皇綱於既絶，復明辟於已廢，振耀今古，聯輝□書，餘烈□□□生公焉。曾祖仁續，皇潞州長子縣令。祖光友，洺州長史，贈懷州刺史。顯考□邁，累贈至左僕射。公生有奇狀，及長，姿度庬異魁偉，動有老成之風。讀書觀其大略，爲文勇□□義，雖環堵□室，常翛然自得。李宰相程，司取士柄，選公於衆，擢登上第。既而言曰：『某拔狄某，□□朝廷擇他日，名卿賢侯耳，非止一區區科第也。』繇是爲京師聞人。鄭相國餘慶，作藩岐隴，將行躬聘，□□□□。是時，蔡人叛命，詔徵□師。鄭公以治兵之事委公，公乃賦車籍馬，疊發伍符，精甲數千，一夕齊進，□□□□，機用有餘。鄭公曰：『□文武全致也。』後又從孟尚書於襄陽。憲皇在宥，厲精理道，時絢先□□□□□忠□□□□□□□名進聞薦，請徵爲左拾遺，由一命之秩，昇五諫之列。仍自草制，美粲國章。公居其□□□□□□□□□□，時人榮之。天子以河朔大兵之後，凶荒赤地，召公與語，臨遣，振無軺□□□□□□□□□□□□活萬衆。天旨皇澤，浹人肌骨。還報，以右補闕酬焉。改侍御史，屬歲□□□□□□□□辛以□□□□□□□□□授奉天令。公不薄一同，理有異等。往守蘄春，報政居最，入爲司□□□□□□，復剌南陽。南陽□□□□□□□□，公靡所畏避，賦政無頗。編人戴公，權臣沮意。乃除國子司業、分司東都。公不□□妃□□□□□□□□□用少，乃改太常少卿。又出爲蘇、鄭二郡守，其理二邦，如蘄、鄧之美。□益明□□□□徵爲□□中□□□外□□其官。文宗皇帝以綱憲爲朝政之急，授公御史中丞。郡國承風，上下整□，□加刑□□□。公乃詳定刑書，適其輕重，舞文巧詆之吏，無以措手。文宗躬覽可賞，頒行中外。寵□□□□，太子得罪於文宗，將移天性，百辟恫恐，相臣進諫，盛怒難回。公獨及靁瀝，懇曰：『太子生於深宫，未漸師訓。陛下不使早

聞義方，是君父之失教。今天下之本也，本不可搖，特宜寬宥，俾之悔過。不□陛下異日有望思之恨。』嬰鱗犯顔者數四，雖竟不納，然而時議以公有梁公之□□□□。上意允属，改兵部侍郎。無何，太原缺帥，宜得才望碩重者鎮之，公膺是選。詔命檢校工部尚書兼御史大夫以專征，威懷兼施，北方大化，長城靈蔡，邦國倚注。又加兵部尚書，□□勞能徵，復爲兵部侍郎。武宗鍾愛益王，求正人以訓導，以公兼益王傅，仍權物選部事。衡鏡乎□，清濁式序，乃□左丞，□□臺□。上以天平連潦，□殫爲河，思用才臣，往救昏溺。於是授公檢校吏部尚書，統鄆曹濮之□。公□□宜□，昭蘇□封。詔加銀青光禄大夫，則漢之增秩之典也。朝廷方將大用，褒詔急徵，時權忌正行過□□，除秘書□監、分司□邑，達懷曠放，不汨于中。拜東都留守，又改太子少保。上以公元勳之後，舊老清名，將□圖□□□□□□□。公有遺榮之志，俾諧素尚，命加檢校右僕射，再處守於東周。一旦移書，惡疾俄至，□病啓□□於□□□□□□□。君子曰：其全人歟！惟公修祖德，服忠教，直方大，外勁内和。立朝書□□之道，撫俗布愷悌之化。便蕃崇顯，彰焯問望，經濟之略，華皓不衰，窮達一致，存殁光大如公者，蓋鮮矣。《中庸》云：『大德者，必得其名、位、禄、壽四者。』公皆得焉。嗚呼！所宜至而不至者，台衮而已，生靈之恨耶□。夫人扶風郡夫人，京兆韋氏。自鼓琴瑟，至服褕翟，垂三十年。婦德母儀，士林師法。有子二人，長曰咸中，福建□□□，試太常寺協律，孝友剋家，文學潤己，有致遠之資焉。次曰禎前，領軍騎曹，幼而嬰疾，天與至性。粤以明年五月□□□，奉公之裳帷，葬于河南府洛陽縣金墉鄉雙洛村，祔梁公之塋。先期協律以緺廿□□□，□文内署，不謂空薄見託，志於窀穸，因採公門吏賓監察宣孟之狀，得其遺懿，繫爲銘曰：

龜龍麟鳳，四者之瑞。祗表休徵，靡益於事。孰若賢畯，持鍾間氣。生爲去聲盛時，奮□□□。□□□路，宣力騁志。切劘政經，□容規剌。掖垣風動，强禦無避。所□有成，弥彰全器。入爲公卿，道冠明廷。出爲侯□，□□華貊。先祖是似，德聲赫赫。不躋鼎鉉，負我未畫。於万祀年，名光竹帛。九原一閟，三秦遂隔。嵩高伊洛，玆永安宅。

故吏、從重表姪、前東都畿汝州都防禦推官、將仕郎、試太常寺協律郎裴翻書

故銀青光祿大夫檢校尚書右
驃騎開國侯食邑一千户贈司
翰林學士
聖敬文思和武光孝皇帝詔
寧年七十三
孝伯封於狄城曰而
曰名將子孫今為
用辟於已
賜保川判史
之易

右僕射…東…史大夫…
司…銘并序
大…陽縣開國男食邑三百
…建丑月之五日
…徽懿　公諱兼
…爲秦川之孫強家大姓至後秦建
…梁文惠公仁傑天錫大忠獨遏
…公焉曾祖仁續皇潞
…生有奇狀及長姿度龐異魁
…相程司馬士栖選　公於衆
匾區…弟也縣是爲京師聞人　鄭
鄭…以治兵之事委　公　公乃賦

東都留守東都畿汝州都防禦使上柱國汝南
邑三百戶令狐綯撰
天水狄公薨于洛師履道里之私第
諱兼謩字汝諧其先周之後也成王少子
秦建國天水狄伯支為佐命之臣晉史稱
獨過鳴牡續　皇綱於既絕復
皇潞州長子縣令　祖光友洺州長史
異魁偉動有老成之風讀書觀其大略為
於衆擢登上第既而言曰其枝　狄其
鄭相國餘慶作藩岐隴將行躬聘
乃賦車籍馬疊發伍符精甲數千一夕齊

鄭公以治兵之事委　公　公乃賦
[illegible]金致也後又從孟尚書於襄陽
[illegible]進聞薦請徵為左拾遺由一命之
時人榮之[illegible]天子以河朔
[illegible]方衆[illegible]天旨皇澤浹人肌骨
擾奉天令[illegible]公不薄一同理
[illegible]公靡所畏避賦政無頗
[illegible]改太常少卿又出為
[illegible]文宗皇帝
[illegible]議定刑書適其輕重舞
[illegible]于得罪[illegible]文宗将
[illegible]師訓[illegible]陛下不使早聞義

乃賦車籍馬疊發伍符精甲數千一夕齊
憲皇在宥屬精理道時綢
命之秩昇五諫之列仍 自草 制美祭
河朔大兵之後凶荒赤地 台 公與語
肌骨還報以右補闕酬焉改侍御史屬歲
同理有異等徃守蘄春報政居家入為司
無頗編人戴 公權臣沮意乃除國子
出為蘇鄭二郡守其理二邦如蘄鄧之美
皇帝以綱憲為 朝政之急授 公
重舞文巧詆之吏無以措手
宗將移天性 百辟恫恐相目進諫 感怒
聞義方是 君父之失教令天下之

陛下天使早聞義
望思之恨嬰其
春部侍郎無何
以施北方大化其
魚訓導用才漢
人河思臣
禄不于漢
放人中拜
遺紆于便
有志惟
其道全
唱歎
烔問
童得
顯於
公

聞義方是　君父之夫教令天下之
鱗犯顏者數四雖竟不納然而時議
太原鉞師冝得才□頒□□之□□□公
長成靈祭邦國脩注又加兵部尚書
公兼益王傅仍權摠選部事衛鏡□
往救昏溺於是授　公檢校吏部□
之□溺秩之典也　朝廷方將大用
拜東都留守又改太子少保上以
諸表尚命加檢校右僕射冊慶守於東周
□□□倘□祖禰服　忠教直方博大
□略華自不衰窮達一致存殁光大如
直至而不至者台衮而已生靈之恨爾

□□□□□□君子曰其全又歟惟□
□悵之化便番宗顯章焯聞溢經濟□略
位祿壽四者　公皆得焉嗚呼□宜至
至服褕翟垂三十年婦德母儀士林師法
致遠之資焉次曰禎前領軍騎曹幼而嬰
金墉鄉雙洛村祔　梁公之塋先期
字曰採　公門□籌監察宣益之狀
靡益於事孰若□□□貧□將鍾間氣生
風動強禦無避所□□成□彰全器入為
赫不躋鼎鉉須負我□書於方祀年名光竹
表姪前東都畿汝州都防禦推官將仕郎試太常寺協律

倘　祖德服　思教直方博大
略華自不衰躬達一致存殁光大如
宜至而不至者台衮而已生靈之恨
師法有子二人長曰咸中福建
而嬰疾天與至性粤以明年五月
先期協律以綢
之狀得其　遺懿繫爲
氣生爲去聲　盛時奮
入爲公卿道冠　明廷
光竹帛九原一閟三秦遂隔嵩高伊洛
寺協律郎裴翻　書

011

唐□約言墓誌

【概要】

□約言（八四四—八八七），幽州人，光啓四年（八八八）遷葬於歸順州懷柔縣太平鄉之南原。誌高47.5厘米，寬39厘米，厚6.5厘米，銘文二十行，行字數不一，楷書，有界欄。

【誌文】

唐故給事郎、試太子宮門郎、攝瀛州河間縣令、□□中山□千秋文武大臣、護國公。逝浪不停，踆烏難駐。既同石火，還須道□，成如□若電之□平□□□教第□□往。幼艾齊歸，莫匪勒美玄扃，何以垂光後胤。府君諱約言，其先□，當今皇命氏，世無常居，好爵縻賢，今爲幽州人也。曾祖皇諱□，祖皇諱初，皇帝太子列。考皇諱□，皆以精心儒學，放思烟霞，晦跡於時，韜光不仕。皇妣，上谷成氏。府君器質特異，風姿不群，禮興義成，道兼學立。里閈振其英譽，侯門響其德音。愛慕拾青，乃從筮仕。以乾符二年，始授涿州范陽縣主簿。提統六司，事歸一體。既揚通敏，旋擢强能。當年改授奉縣丞。貳邑有万，一同稱美，遽彰善佐，寧屈長林。四年，又改授涿州孔目官。□茂聲華，轉弘直道，□無撓政，案絶喧辞，郡庭推清白之名，覇府聆幹强之譽。五年，□□賞□沿□而至。六年，遷授平州盧龍縣令。地連邊塞，人情險巇，積歲艱□，盈□□殿，下車之日，人吏□□，不假蒲鞭，自停獄訟。廣明二年，又授媯州懷戎縣令。路當襟喉，俗帶瘡痍。設方便以撫綏，致艱難爲豐阜。中和四年，又授涿州固安縣令。游刃無礙，絲桐□聲。疲瘵昭蘇，逃亡繦負。五年，又改授幽州良鄉縣令。邪佞碎膽，奸盜藏蹤，路有謳謡，里無流散。當年七月，又改授涿州范陽縣令。政成舊贯，道布新規。庭有翔鸞，桒多馴雉。光啓三年，又改瀛州河間縣令。頻展驥足，尚屈牛刀。鳳篁（凰）自然雅音，皋鶴別聞清韻。於戲，寢疾俄染，醫藥無徵，齡籌有終，禍階潛構。以當年十月廿五日□□，窆於河間縣之□舍，享年四十有四。夫人太原郭氏，霜失所天，銜哀抱毀，親□□靈。□□□□□，以明年□月十五日，遷窆於歸順州懷柔縣太平鄉□□□之南原，葬於□□□，禮也。有子三人，長繼元攝涿州孔目官，次繼從攝歸順州司户，次繼摄□□□□州□軍。雁行花萼，□耀簪裾。盡不中□，□次殞世。嗣子三人，長曰處籍，次曰□子，□□長□□童次皆□□。有女一人，未及丱。□□公而友孫姪之輩廿餘人，難以修□□軋□□□□□埏。親族痛心，簪組流□。□□□□，朝雲夜月之愁；露□□□，□□□年之恨。銘曰：

河□□□兮器抱□幽。金玉懷□□□□□。明時□髮兮名從行□。□□□兮道布王猶。□□□□□□清休。鵬搏鶴翥兮其何淹留。福□禍□兮□□□□。□□□□□□爲儔。轜車丹旐兮臨彼荒丘。□□□□兮□□□□□。□□□□□□□□□。□□雨□兮万古千秋。

012

明程惠秀墓誌

【概要】

程惠秀（一四七九—一五一八），山西平陽府臨汾縣人。正德十三年（一五一八），葬於畏吾村。

誌高58厘米，寬57厘米，厚8.5厘米，銘文現存二十八行，滿行三十三字，楷書，首題『明故封孺人程氏墓誌銘』。蓋高57.5厘米，寬57厘米，厚8.5厘米，銘文三行，行三字，陰刻篆書『明封張孺人程氏之墓』。墓誌左下側殘損。顧鼎臣撰文，郭勛書丹，李鐩篆蓋。

誌主遠祖程思道，初官平陽衛指揮僉事，後謫隸南京羽林衛軍籍，永樂初，改長陵衛。父程榮，通堪輿。夫張翰，爲監察御史。程惠秀，正德十三年卒於私第。生一子，名程維。

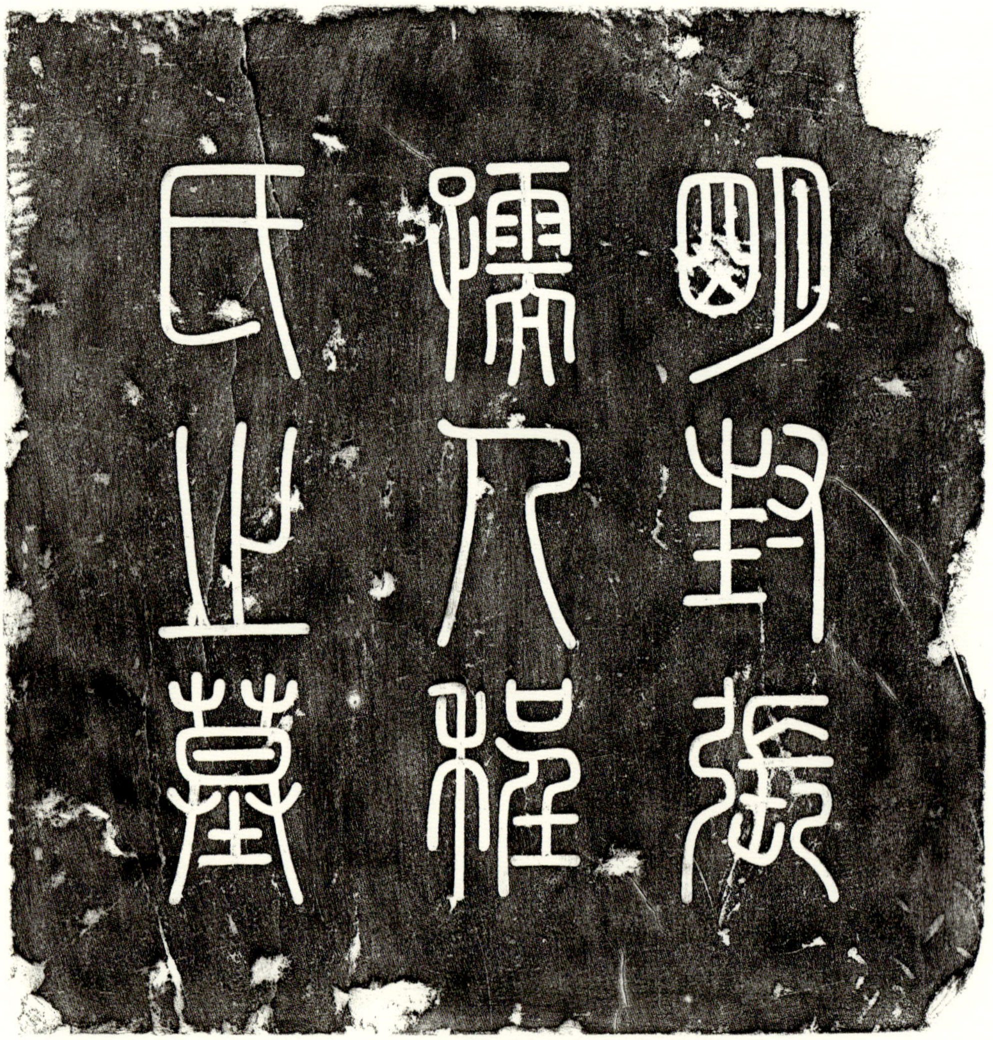

【誌蓋】明封張孺人程氏之墓

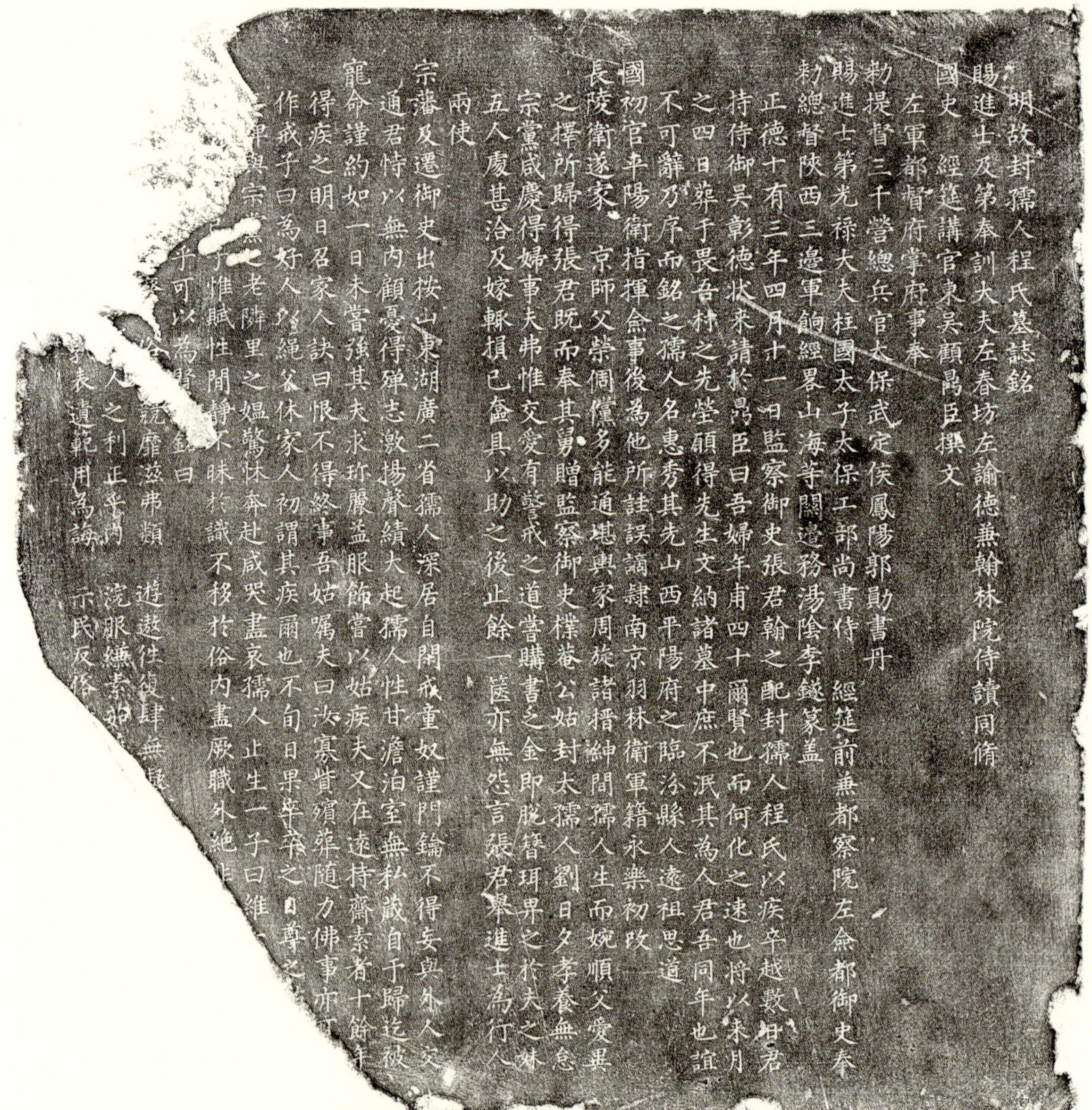

明故封孺人程氏墓誌銘
賜進士及第奉訓大夫左春坊左諭德兼翰林院侍讀同脩
國史 經筵講官東吳顧鼎臣撰文
左軍都督府掌府事奉
勑提督三千營總兵官太保武定侯鳳陽郭勛書丹
賜進士第光祿大夫柱國太子太保工部尚書侍 經筵前兼都察院左僉都御史奉
勑總督陝西三邊軍餉經畧山海等關邊務湯陰李鐩篆蓋
正德十有三年四月十一日監察御史張君翰之配封孺人程氏以疾卒越數日君
持侍御吳彰德狀來請於鼎臣曰吾婦年甫四十爾賢也而何化之速也將以來月
之四日葬于畏吾村之先塋願得先生文納諸墓中庶不泯其為人君吾同年也誼
不可辭乃序而銘之孺人名惠秀其先山西平陽府之臨汾縣人遠祖思道
國初官平陽衛指揮僉事後為他所詿誤謫隸南京羽林衛軍籍永樂初改
長陵衛遂家 京師父榮倜儻多能通堪輿家周旋諸搢紳間孺人生而婉順父愛異
之擇所歸得張君既而奉其舅 贈監察御史樸菴公姑封太孺人劉日夕孝養無怠
宗黨咸慶得婦事夫弗惟交愛有警戒之道嘗購書乏金即脫簪珥畀之於夫之妹
五人處甚洽及嫁輒損己奩具以助之後止餘一篋亦無怨言張君舉進士為行人
兩使
宗藩及還御史出按山東湖廣二省孺人深居自閑戒童奴謹門鑰不得妄與外人交
通君恃以無內顧憂得殫志激揚聲績大起孺人性甘澹泊室無私蓄自于歸迄被
寵命謹約如一日未嘗強其夫求珍麗益服飾嘗以姑疾夫又在遠持齋素者十餘年
得疾之明日召家人訣曰恨不得終事吾姑囑夫曰汝寡貲殯葬隨力佛事亦
作戒子曰為好人[illegible]繩父休家人初謂其疾爾也不旬日果卒卒之日尊之
卑與宗黨[illegible]老鄰里之媪驚怵奔赴咸哭盡哀孺人止生一子曰維
子惟賦性閒靜不昧於識不移於俗內盡厥職外絕
子可以為賢[illegible]銘曰
統靡茲弗類 遊遨往復肆無
人之利正乎內 澆服纖素如
表遺範用為誨 示民反俗

【誌文】

明故封孺人程氏墓誌銘

賜進士及第、奉訓大夫、左春坊左諭德、兼翰林院侍讀、同脩國史、經筵講官東吴顧鼎臣撰文
左軍都督府掌府事、奉勑提督三千營總兵官、太保、武定侯鳳陽郭勛書丹
賜進士第、光禄大夫、柱國、太子太保、工部尚書、侍經筵前、兼都察院左僉都御史、奉勑總督陝西三邊軍餉、經略山海等關邊務湯陰李鐩篆盖

正德十有三年四月十一日，監察御史張君翰之配封孺人程氏以疾卒。越數日，君持侍御吴彰德狀，來請於鼎臣曰：『吾婦年甫四十爾，賢也，而何化之速也！將以來月之四日葬于畏吾村之先塋。願得先生文，納諸墓中，庶不泯其爲人。』君吾同年也，誼不可辭，乃序而銘之。孺人名惠秀，其先山西平陽府之臨汾縣人。遠祖思道，國初官平陽衛指揮僉事，後爲他所詿誤，謫隸南京羽林衛軍籍。永樂初，改長陵衛，遂家京師。父榮，倜儻多能，通堪輿，家周旋諸搢紳間。孺人生而婉順，父愛異之，擇所歸，得張君。既而奉其舅贈監察御史樸菴公、姑封太孺人劉，日夕孝養無怠，宗黨咸慶得婦。事夫弗惟交愛，有警戒之道。嘗購書乏金，即脱簪珥畀之。於夫之妹五人處甚洽，及嫁輒損己奩具以助之，後止餘一篋，亦無怨言。張君舉進士，爲行人，兩使宗藩，及遷御史，出按山東、湖廣二省。孺人深居自閑，戒童奴，謹門鑰，不得妄與外人交通。君恃以無内顧憂，得殫志激揚，聲績大起。孺人性甘澹泊，室無私藏，自于歸迄被寵命，謹約如一日，未嘗强其夫求珍麗、益服飾。嘗以姑疾，夫又在遠，持齋素者十餘年。得疾之明日，召家人訣曰：『恨不得終事吾姑！』囑夫曰：『汝寡貲，殯葬隨力，佛事亦可□作。』戒子曰：『爲好人以繩父休。』家人初謂其疾爾也，不旬日果卒。卒之日尊之□□□□□與宗黨之老，鄰里之媪，驚怵奔赴，咸哭盡哀。孺人止生一子，曰維□□□□□□□□□□□□。子惟賦性閑静，不昧於識，不移於俗，内盡厥職，外絶非□，□□□□□□□□□乎，可以爲賢。□銘曰：

□□□□□□□。俗□競靡滋弗類。游遨往復肆無礙。□□□□□□□。□□□□□□□。□人之利正乎内。浣服縑素茹□□。□□□□□□□。□□□□□□□。孰表遺範用爲誨。示民反俗□□□。□□□□□□□。

墓誌拓本

013

三國曹植墓墓磚

【概要】

三國魏太和七年（二三三）《曹植墓墓磚》，一九七七年三月發掘於山東阿縣魚山曹植墓。墓磚青色，三面銘文，長43厘米，寬20厘米，厚11厘米。墓磚之刻銘内容爲魚山曹植墓修建前後的情况。曹植墓墓磚拓片三通，分别鈐有『石破天驚山館』和『瓜飯樓金石文字圖書印』兩收藏印及『老將知契託蟲魚』『墨禪翁』印。

【刻文】

别督郎中王納主者司徒從掾位張順

【刻文】

太和七年三月一日壬戌朔十五日丙午，兖州刺史侯退遣士朱周等二百人作。

【刻文】

壘陳王陵，各賜休二百日。

014 漢廬江太守范式碑

【概要】

《漢廬江太守范式碑》，簡稱《范式碑》。碑立於三國魏青龍三年（二三五）正月，原位於山東嘉祥縣東南紙坊鎮范式墓前，宋以後斷而入土。清乾隆五十四年（一七八九）重出土，僅存上半截。此碑宋時已見金石著録，南宋洪适《隸釋》載有碑之全文，可知那時尚比較完整。碑現只存殘石兩塊，藏山東濟寧博物館漢碑室。碑額篆書『故廬江太守范府君之碑』二行十字。碑文隸書，依《隸釋》載，碑文十九行，滿行三十三字，碑陰題名四列，一、二列各存十行，三列存十一行，四列存六行。清乾隆四十一年（一七七六）夏，膠州崔墨雲得碑額於龍門坊水口，已斷裂，李東琪、黃易刻跋於額下。乾隆五十二年（一七八七）李東琪獲原碑殘石於濟寧學宫戟門下，黃易、李克正又刻跋於碑陰。

李嗣真《書品》、洪适《隸釋》、趙明誠《金石録》、顧南原《隸辨》、翁方綱《兩漢金石記》、康有爲《廣藝舟雙楫》、黃易《小蓬萊閣金石目》、魯迅《寰宇貞石録》、王壯弘《增補校碑隨筆》等有著録、評述。

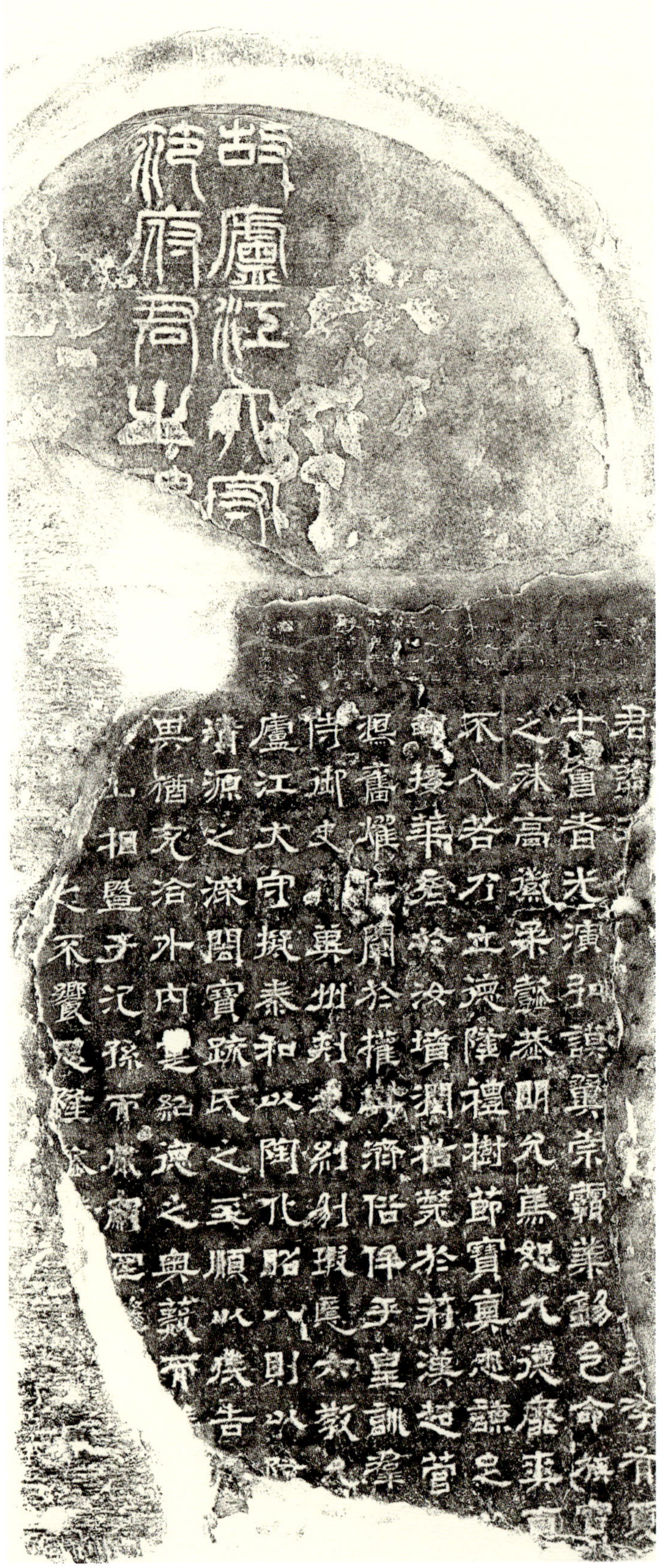

【誌文】

故盧江太守范府君之碑
君諱式，字□□□□□□□□□存有夏□□□□□□□□□□□□□□□□□
士會者，光演弘謨，翼崇霸業。錫邑命族，實□□□□□□□□□□□□□□□□□
之殊高，徽柔懿恭，明允篤恕。九德靡爽，百□□□□□□□□□□□□□□□□□
不入。若乃立德隆禮，樹節寶真。忠諒足□□□□□□□□□□□□□□□□□□
甸。接華彥於汝墳，潤枯斃於荆漢。超管□□□□□□□□□□□□□□□□□□
鴻奮。耀仁闈於權輿，濟俗侔乎皇訓。群□□□□□□□□□□□□□□□□□□
侍御史，拜巽（冀）州刺史。糾剔瑕慝，六教允□□□□□□□□□□□□□□□□□□
盧江太守。擬泰和以陶化，昭八則以隆□□□□□□□□□□□□□□□□□□
清源之深閎，寶疏氏之至順。以疾告□□□□□□□□□□□□□□□□□□
其猶充洽外內，寔紹德之奥藪，而□□□□□□□□□□□□□□□□□□
□山相，暨子氾孫，而胤嗣罔□□□□□□□□□□□□□□□□□
□□□之不饗，恩隆懿□□□□□□□□□□□□□□□□□□

015

晉孟府君墓誌

【概要】

《孟府君墓誌》，磚質，晉泰元元年（三七六）造，一九七六年於安徽馬鞍山發現。墓誌拓片五通，拓片均長34厘米、寬16厘米左右，分別鈐有『石破天驚山館』和『瓜飯樓金石文字圖書印』兩收藏印。此五通墓誌磚文字相同，但書體已有差異，已略具行書筆意，可供書法發展史研究者參考。

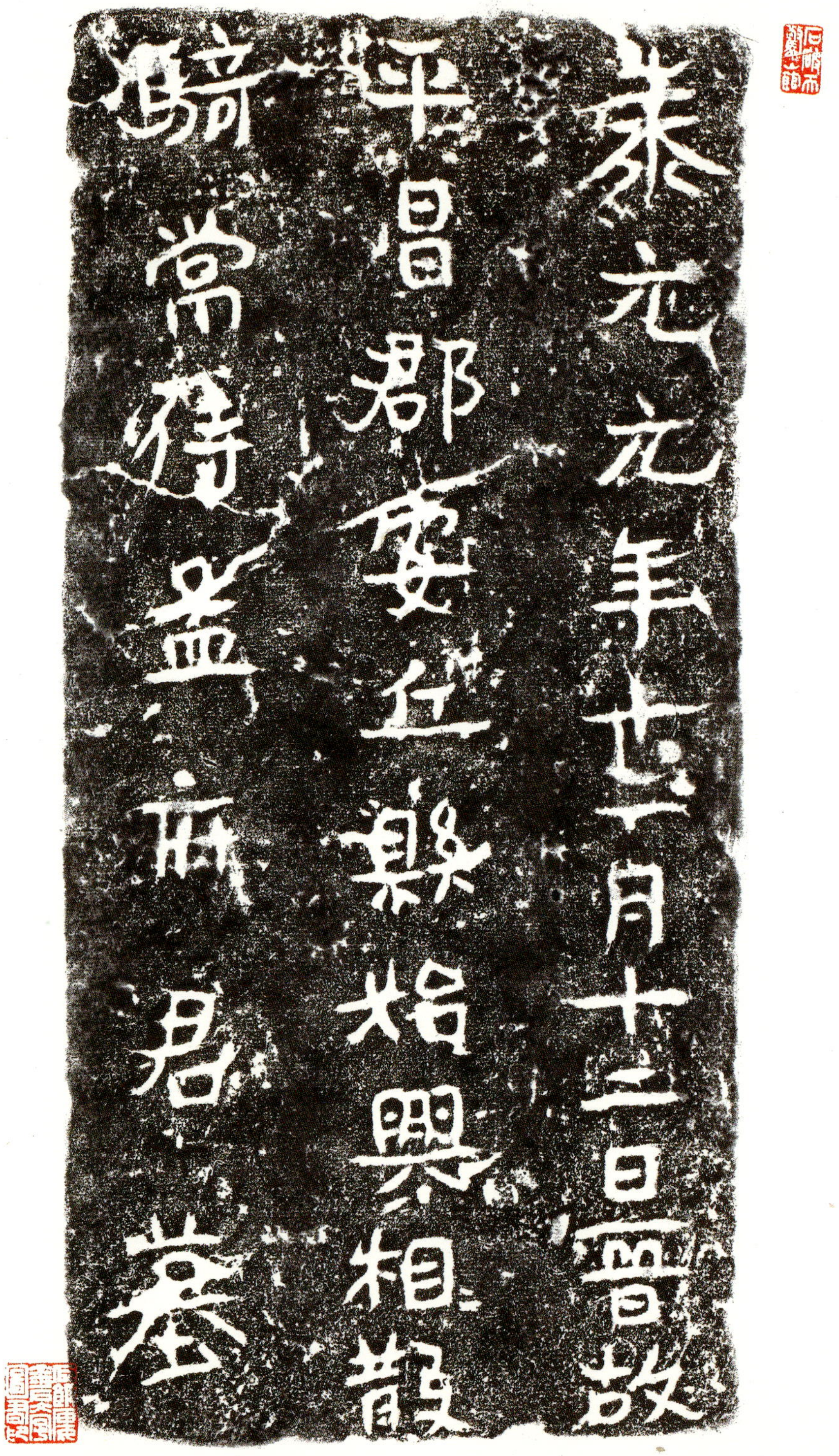

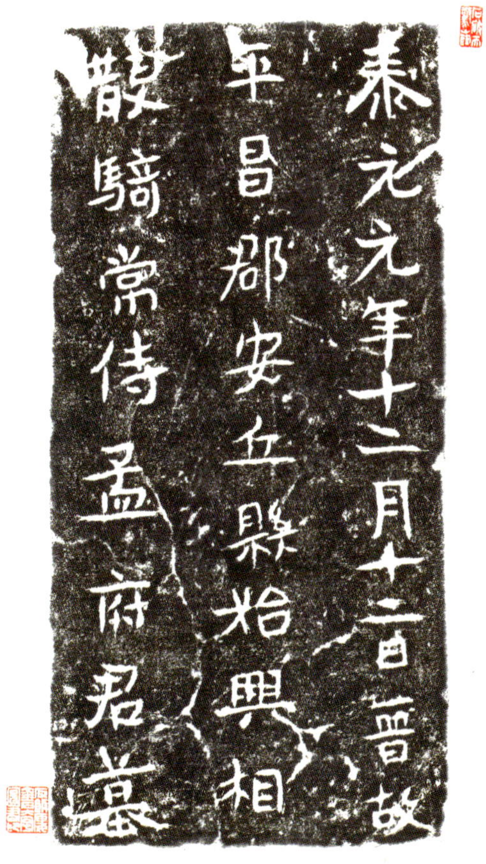

【誌文】

泰元元年十二月十二日，晋故平昌郡安丘縣始興相、散騎常侍孟府君墓。

016

隋永嘉郡松陽縣令宇文弁才墓誌

【概要】

宇文弁才（五三八—六一五），河南洛陽人，唐永泰元年（七六五），遷葬於洛州洛陽縣邙山。永泰元年韋應物撰書《隋永嘉郡松陽縣令宇文弁才墓誌》，二〇〇五年出土於洛陽市北邙山。誌文三十二行，滿行三十二字，楷書，首題『随故永嘉郡松陽縣令宇文府君墓誌銘并序』。這是迄今爲止所發現的最早的一通由詩人撰書的墓誌。

誌主祖宇文遷，魏平州刺史；父宇文承，齊許州司馬。宇文弁才，開皇元年（五八九），除廬州總管府田曹參軍事；四年，改授蘄州總管府士曹參軍；十□年，遷授益州總管府倉曹參軍；廿年，進授瀘州江陽縣令。大業四年，改授永嘉郡松陽縣令。大業十一年，暴終於位，享年七十八。夫人李氏，貞觀七年（六三三）卒於揚州私第，春秋六十三。

隋永嘉郡松陽縣令宇文弁才墓誌

【誌文】

随（隋）故永嘉郡松陽縣令宇文府君墓誌銘并序

君諱弁才，字弘道，河南洛陽人，後周之族孫也。建雄圖而創業，開寶歷而疏基。光帝籙於九埏，繼皇徽於萬古。故能象賢無替，華轂與蟬冕相暉；家聲載融，珪符將龜紐交暎。盖以騰芳簡册，此可略而言焉。祖遷，魏平州刺史。器宇貞正，墻仞崇深。爲萬玉之規模，作六條之儀範。信不愆於筠馬，教才止於蒲鞭。父承，齊許州司馬。局量詳明，襟神澹雅。千里憑其准的，百城仰其風猷。令比秋霜，惠逾春露。君資靈上智，禀氣中和。譬渥水之騰駒，如丹穴之翔翮。齠年穎晤（悟），迥出生知；弱歲機神，悠然遠振。量涵溟渤，注長瀾而靡窮；度擬崧華，聳高峯而不極。孝乎惟孝，暗勖情田；言則擇言，冥符性道。既而俯迹遊藝，晦智從師。究百氏之鈎深，盡三端之鋭蹟。清明内湛，爽朗外揚。孕水鏡於靈臺，齊是非於虚室。九皋鳴鶴，逸響自彰；十步幽蘭，傳芳遂遠。河清三載，擢授羽林。毦鶡腰鞬，寄以心膂。周旋武帳，警衛文棍。密勿彤闈，劬勞紫闥。大象之始，妙擇宗英。特以皇枝，授宗侍中士。尋以三靈改卜，祥起漢東；萬姓樂推，鼎歸火德。譬嬴族之歸漢，猶田室之遷秦。開皇元年，除盧州揔管府田曹參軍事。四年，改授蘄州揔管府士曹參軍。勵冰霜而勖己，握瑜瑾以摛光。卓立僚寀之間，超出群司之表。十□年，遷授益州揔管府倉曹參軍。亟枉高才，頻參下職。脂車夙駕，履九折之危；秣馬載駈，涉雙流之險。淹留不調，驟歷暄寒。廿年，進授瀘州江陽縣令。潘河陽之秀傑，□宰一同；崔長岑之英俊，纔居百里。望古人而并鶩，亦何謝於亨鮮。屈廊廟之宏材，可長嗟於絆驥。政成俗易，大反澆訛；化洽風移，遽歸淳朴。豈直馴鸞狎雉，校其優劣者哉。大業四年，改授永嘉郡松陽縣令。剛柔迭用，寬猛兼施。訓誘禮義之方，汲引忠信之道。絃哥（歌）表德，謳頌稱仁。庶當永享遐齡，用尊三壽，豈謂奄從朝露，長幽九泉。以大業十一年八月四日，暴終於位，春秋七十八。夫人李氏，柔儀閑秀，惠聲韶遠。叶潘楊之素親，追秦晋而爲匹。有輝蘋沼，載躍江魚。止問之信不虧，斷織之慈無爽。雖復九仙秘術，詎可駐於奔曦；萬里生香，豈能留於閲水。以貞觀七年四月十六日，遘疾終於揚州純和里第，春秋六十三。粤以永泰元年，歲次乙巳十月丁酉朔十三日己酉，遷窆於洛州洛陽縣邙山之陽，禮也。昔以劍龍單逝，悲隻影之孤鸞；今乃簫鳳俱飛，同比翼之雙燕。有子君彦，恨酷茹荼，痛深風樹。思屺岵而增感，切霜露而崩心。將恐海作桑田，墳成武庫，敢銓茂範，庶擬終天。銘曰：
晶晶昌源，綿綿華緒。天潢流潤，帝圖垂矩。遞襲龍章，平縈龜組。材稱杞梓，價重琳琅。寔生時秀，爲人之綱。心齊出處，迹混行藏。佐務六條，宣風百里。性貞松桂，譽芬蘭芷。惠比春光，鑒同秋水。西曦易落，東箭難流。松深埏古，壠暗雲愁。式鎸貞石，永播徽猷。
朝請郎、行河南府洛陽縣丞韋應物撰并書於永泰元年歲次乙巳十月丁酉朔十三日己酉遷記

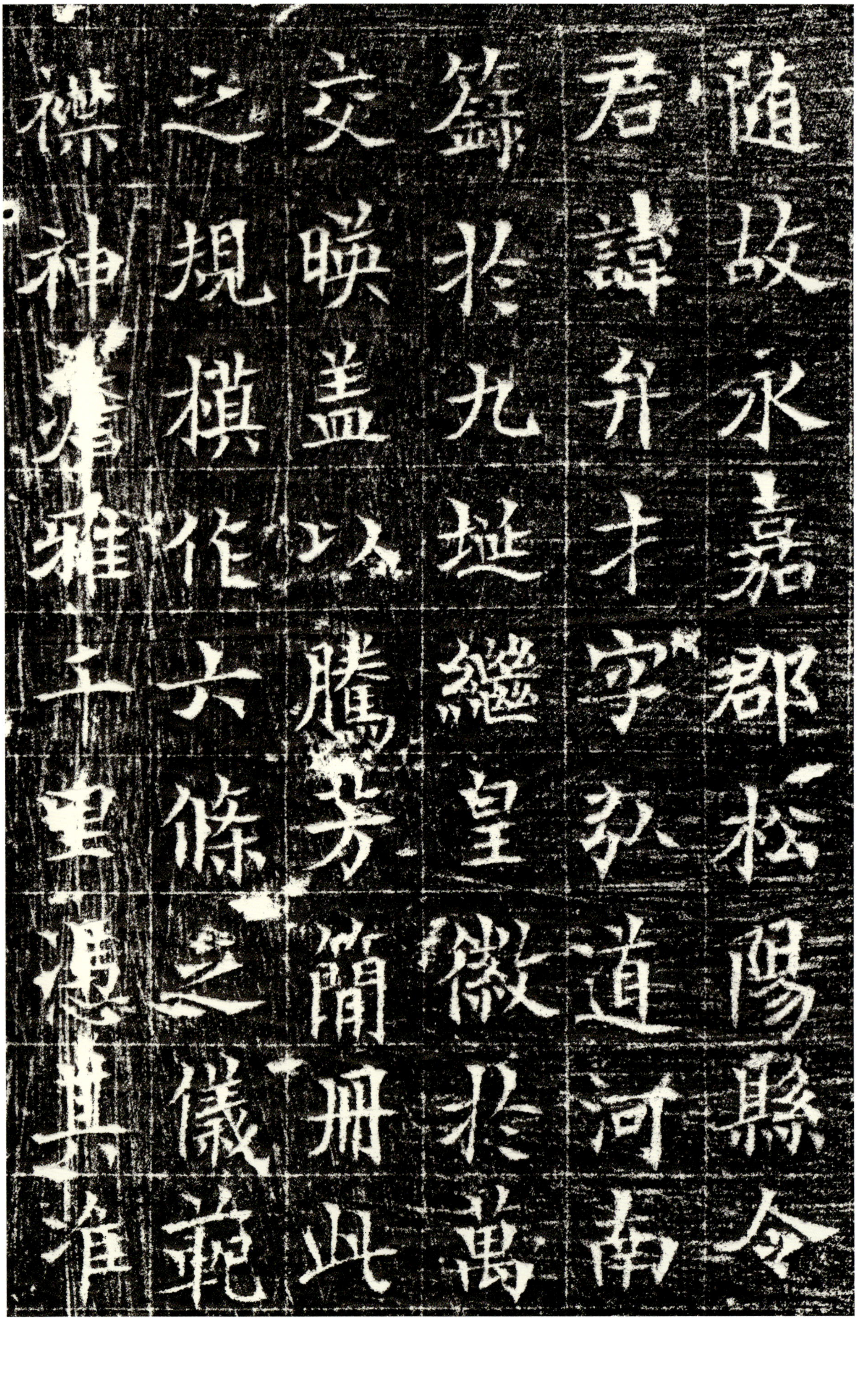
隨故永嘉郡松陽縣令
君諱弁才字孜道河南
纂於九埏繼皇徽於萬
交暎蓋以騰芳簡冊此
之規模作六條之儀範
襟神清雅千里憑其准

令宇文府君墓誌銘幷
南洛陽人後周之族孫
萬古故祖象賢無替華
此可略而言焉祖遷魏
範信不偶於鍚馬教繞
准的百城仰其風猷今

亓亭
孫也建雄圖而創業開
華轂與蟬冕相暉家聲
魏平州剌史器宇貞正
繞止於蒲鞭交承齊許
今比秋霜惠逾春露君

業開寶曆而跡基光帝
家聲載馳珪符將龜組
貞正墉仞崇深為萬王
齊許州司馬揭量詳明
銘君資靈上智稟氣中

襟神清雅士里憑其淮
和辟渥水之騰駒如丹
渤注長瀾而靡窮度擬
道既而俯迹遊藝晦智
水鏡於靈臺歷是非於
授羽林毦鶡胥雞寄以

雀韵百城卿其風猷令
丹穴之翔翮韶年穎晤
擬崧華嘗高峯而不極
智從師究百氏之鈎深
於虛室九皐鳴鶴逸響
以心齊周旋武幄警衛

令比秋霜惠迺春露君
晤迥出生知弱歲機神
極孝乎惟孝暗歸情田
深盡三端之銑蹟清明
響自韶□步幽蘭傳芳
衛文㮣密勿彤闈劬勞

露君資靈上智稟氣中
機神悠然遠振量逸萬
情田言則擇言寡稱性
清明內湛奕朗水揚孚
標芳遂遠河清三載擢
劬勞紫闥大象之始妙

授羽林毦鶡胥鞬寄以
擢宗英特以皇枝授宗
族之歸漢猶田室之遷
管府士曹參軍勵氷霜
年遷授□州總管府倉
驗涉雙流之險淹留不

以心齊周旋武帳警衛
宗侍中士尋以三靈改
遷秦開皇元年除盧州
霜而勖己握瑜瑾以橋
倉書叅軍丞攝高才穎
不調縣歷暄寒卅年進

衛文摠密勿彤闈劬勞
改卜祥延漢東萬姓樂
州摠管府田曹參軍事
橋光阜立僚寀之間超
頒參下職贍車鳳駕屢
進授瀘州江陽縣令潘

劬勞縈闈大象之始妙
姓樂推鼎歸次德譬亮
軍事四年改授蘄州揔
開超玉群司之表斗
駕履九折之危秣馬載
令潘河陽之秀傑寺宰

驗涉雙流之險淹留不
一同崔長岑之英俊纔
㝵於絆縶政成俗易大
大業四年改授永嘉郡
道慈哥表德謳頌稱仁
十一年八月四日暴然

不調驟歷暄寒廿年進
纔居百里望古人而並
大夏澆訛化洽風移邊
郡松陽縣令罰柔迭用
仁庶當永享遐齡用粵
然于位春秋七十八夫

進授瀘州江陽縣令潘
並驚亦何謝於享鮮屈
邊歸淳朴豈直馴鸞狎
用寬猛兼施訓誘禮義
壽三壽豈謂奄從朝露
夫人李氏柔儀閑秀惠

令潘河陽之秀儁[illegible]宰
鮮屈鄜當之宏材可長
鸞神雛校其優劣者哉
禮義之方汲引忠信之
朝露長幽九泉以大業
秀惠聲韶遠叶潘楊之

十一年八月四日暴然
素親追奏晉而為亾有
秘術詛可駐於奔曦萬
楊州純和里第春秋六
空於洛州洛陽縣神山
比翼之雙鵠有子君彦

終于位春秋七十八夫
有輝蘋沼載躍江魚止
萬里生香豈能留於閱
六十三粤以永泰元年
山之陽禮也昔以劍龍
奔恨酷茹荼痛深風樹

夫人李氏柔儀閑秀惠
正閨之德不虧斷織之
閱水以貞觀七年四月
年歲次乙巳十月丁酉
龍單迷悲隻影之孫鸞
樹思屺岵而增感切霜

秀惠聲韶遠叶潘楊之
纖之蕣無爽雖須九仙
白月十六日遘疾終於
丁酉朔廿三日己酉遷
孫鸞令承簫鳳俱飛同
切霜露而崩心將怨海

比翼之雙鶼有子君旁
佐棠田績成□律敢銓
皛皛昌源綿綿華緒天
寔生時秀為人之綱心
惠比春光鑒同秋水西

弃恨臨茹荼痛深風樹
銓遂範庶猷終天銘曰
天潢流潤盛圖垂祖通
心應才處迹混行藏終
西曦易洛東旹難流松
朝請郎行河

樹思屺岵而增感切霜
通襲龍章手縈龜組材
佐務六條宣風百里性
松深邃古壠暗雲愁式
河南府洛陽縣平章應

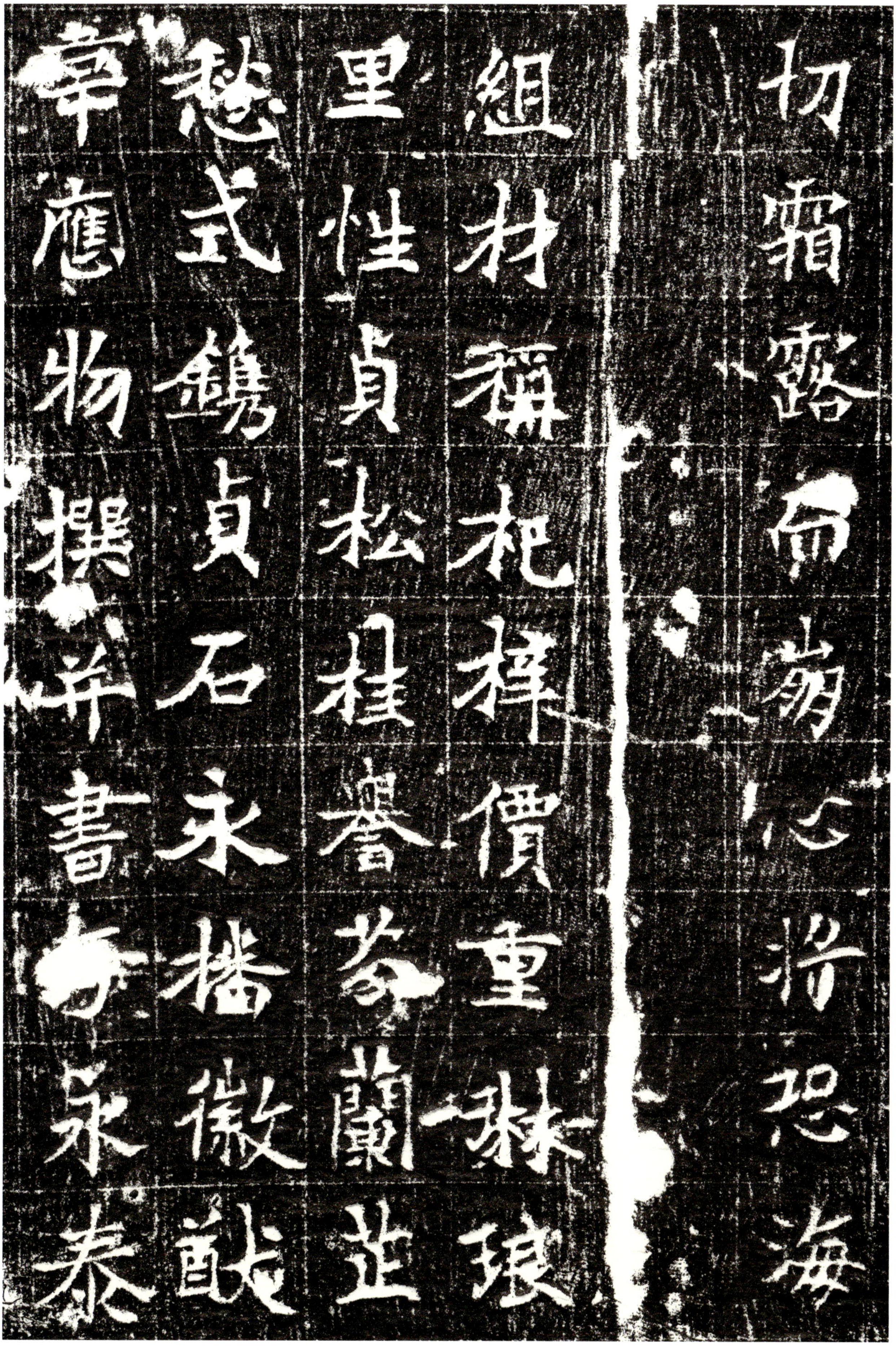
切霜露而崩心將恐海
組材稱杞梓價重琳琅
里性貞松桂譽芬蘭並
懋式鐫貞石永播徽猷
章應物撰并書字宗泰

佐萊田績戎□律敢銓

皛皛昌源綿綿華緒天

寔生時秀為人之綱心

惠比春光鑒同秋水西

元年歲次乙巳十月丁

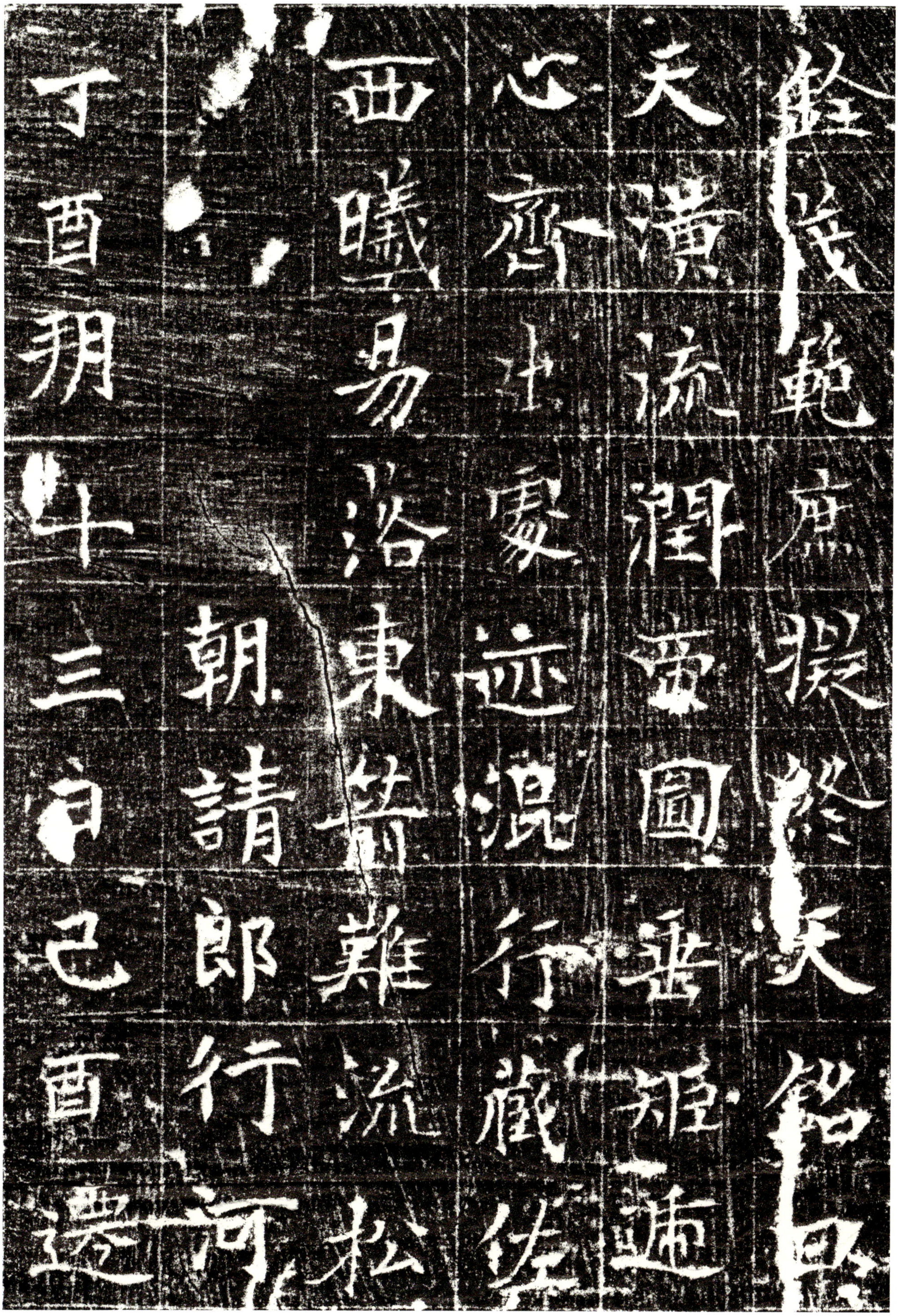

銓侯軌庶猨於天銘曰
天潢流潤帝圖垂雅通
心應士憂迹混行藏佐
西曦易落東箭難流松
朝請郎行河
丁酉朔十三日己酉遷

銘曰
姬通襲龍章手紫龜組
藏佐務六條宣風百里
流松深邃古壠暗雲愁
行河南府洛陽縣丞韋
酉遷記

017

唐元蘋夫人墓誌

【概要】

元蘋（七四〇—七七六），河南人，爲魏昭成皇帝之後，唐朝詩人韋應物之妻。大曆十一年（七七六），葬於萬年縣義善鄉少陵原。此誌文爲韋應物親自撰文并書寫。

《唐元蘋夫人墓誌》，簡稱《元蘋墓誌》。二〇〇七年十一月，墓誌出土於陝西西安市長安區少陵原。墓誌青石材質，銘文二十七行，滿行二十七字，楷書，首題『故夫人河南元氏墓誌銘』，韋應物撰書。誌石左下角受敲擊殘去一角，全文殘損有十餘字，其餘字口皆完整如初，現藏於西安碑林博物館。

【誌文】

故夫人河南元氏墓誌銘

朝請郎、前京兆府功曹參軍韋應物撰并書

有唐京兆韋氏，曾祖，金紫光祿大夫、尚書右僕射、同中書門下三品、扶陽郡開國公，諱待價。祖，銀青光祿大夫、梁州都督、襲扶陽公，諱令儀。父，宣州司法參軍，諱鑾。迺生小子，前京兆府功曹參軍，曰應物。娶河南元氏夫人，諱蘋，字佛力，魏昭成皇帝之後。有尚舍奉御延祚，祚生簡州別駕、贈太子賓客平叔，叔生尚書吏部員外郎挹。夫人，吏部之長女。動止禮則，柔嘉端懿。順以爲婦，孝於奉親。嘗脩理内事之餘，則誦讀詩書，翫習華墨。始以開元庚辰歲三月四日，誕於相之内黄；次以天寶丙申八月廿二日，配我于京兆之昭應；中以大曆丙辰九月廿日癸時，疾終于功曹東廳内院之官舍，永以即歲十一月五日，祖載終于太平坊之假第；明日庚申巽時，窆於萬年縣義善鄉少陵原先塋外東之直南三百六十餘步。先人有訓：繒綺銅漆，一不入壙。送以瓦器數口，烏虖！自我爲匹，殆周二紀。容德斯整，燕言莫違。昧然其安，忽焉禍至。方將携手以偕老，不知中路之云訣。相視之際，奄無一言。母嘗居遠，永絶□恨，遺稚繞席，顧不得留，况長未適人，幼方索乳。又可悲者，有小女年始五歲，以其惠淑，偏所恩愛，嘗手教書札，口授千文，見余哀泣，亦復涕咽。試問知有所失，益不能勝。天乎忍此，奪去如棄。余年過强仕，晚而易傷，每望昏入門，寒席無主，手澤衣膩，尚識平生，香奩粉囊，猶置故處，器用百物，不忍復視。又况生處貧約，歿無第宅，永以爲負。日月行邁，云及大葬，雖百世之後，同歸其穴，而先往之痛，玄泉一閉。一男兩女，男生數月，名之玉斧，抱以主喪。烏呼哀哉！景行可紀，容止在目，瞥見炯逝，信如電喻。故知本無而生，中妄有情，今復歸本，我何以驚。迺誌而銘曰：

夫人懿皇魏之垂裔兮，粲華星之亭亭。率令德以歸我兮，婉潔豐乎淑貞。時冉冉兮懽遽畢，我無良兮鍾我室。生於庚兮歿于丙，歲俱辰兮壽非永。懵不知兮中忽乖，母遠女幼兮男在懷。不得久留兮與世辭，路經本家兮車遲遲。少陵原上兮霜斷肌，晨起踐之兮送長歸。釋空莊夢兮心所知，百年同穴兮當何悲。

故夫人河南元氏墓誌銘
有唐京兆韋氏曾祖金
扶陽郡開國公諱待價祖
父宣州司法參軍諱鑾迺
元□夫人諱蘋字佛力□
州□□篤贈夫子寬容乖□

朝請郎前京兆府功曹叅
金紫光祿大夫尚書右僕
祖銀青光祿大夫□州都
迺生小子前京兆府功曹
□□□茂皇帝之緒有尚
□□生尚書吏部員外郎

□參軍韋應物撰并書
僕射同中書門下三品
都督襲扶陽公諱□儀
曹參軍曰應物娶河南
尚舍奉御延祚祚生簡
郎□□大吏部之長女

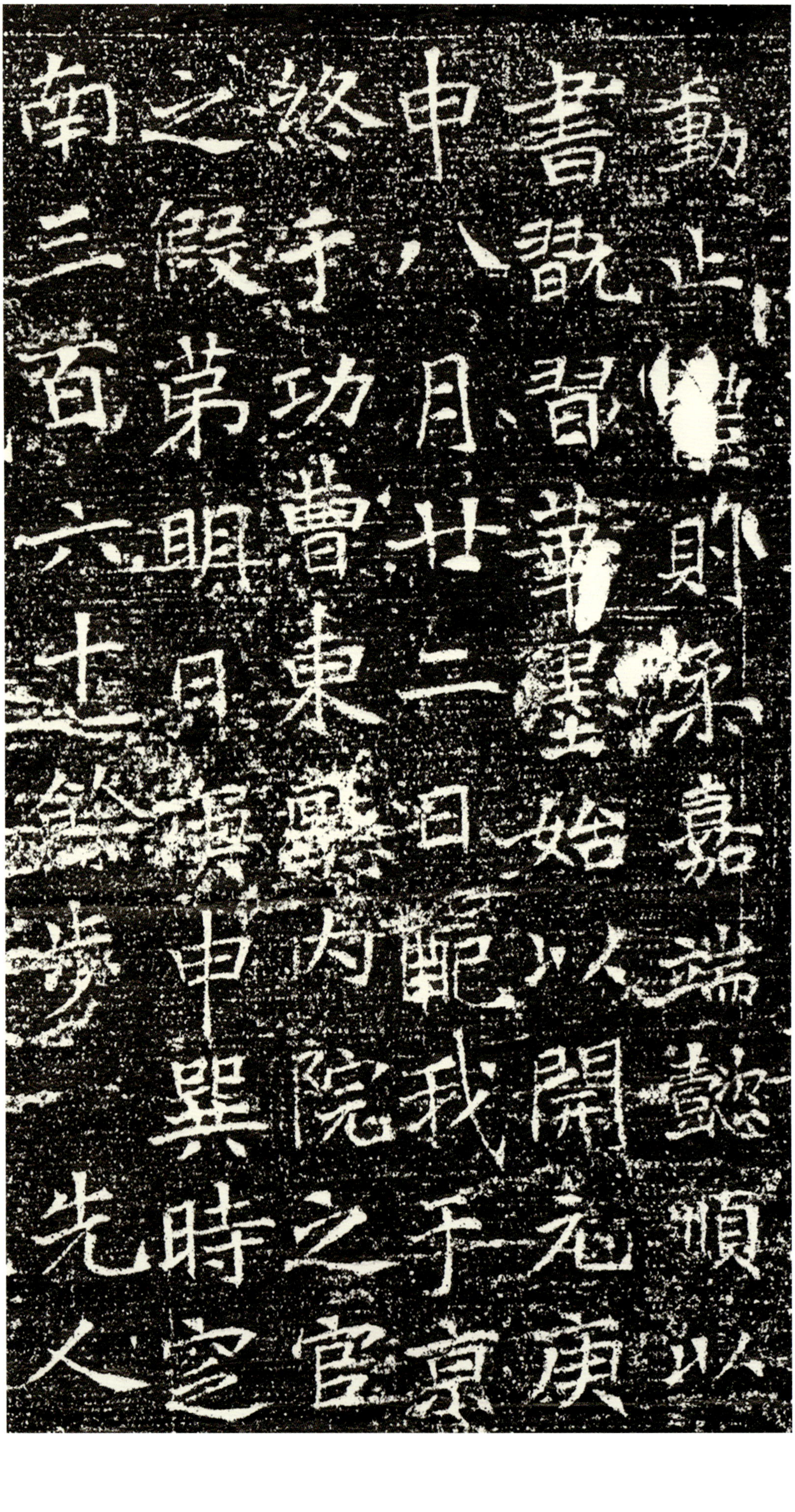
勤上
則
嘉端懿順以
書謁習華墨始以開
庚
申八月廿二日範我于京
終于功曹東
內院之官
之假第明日
申與時窆
南三百六十
先人

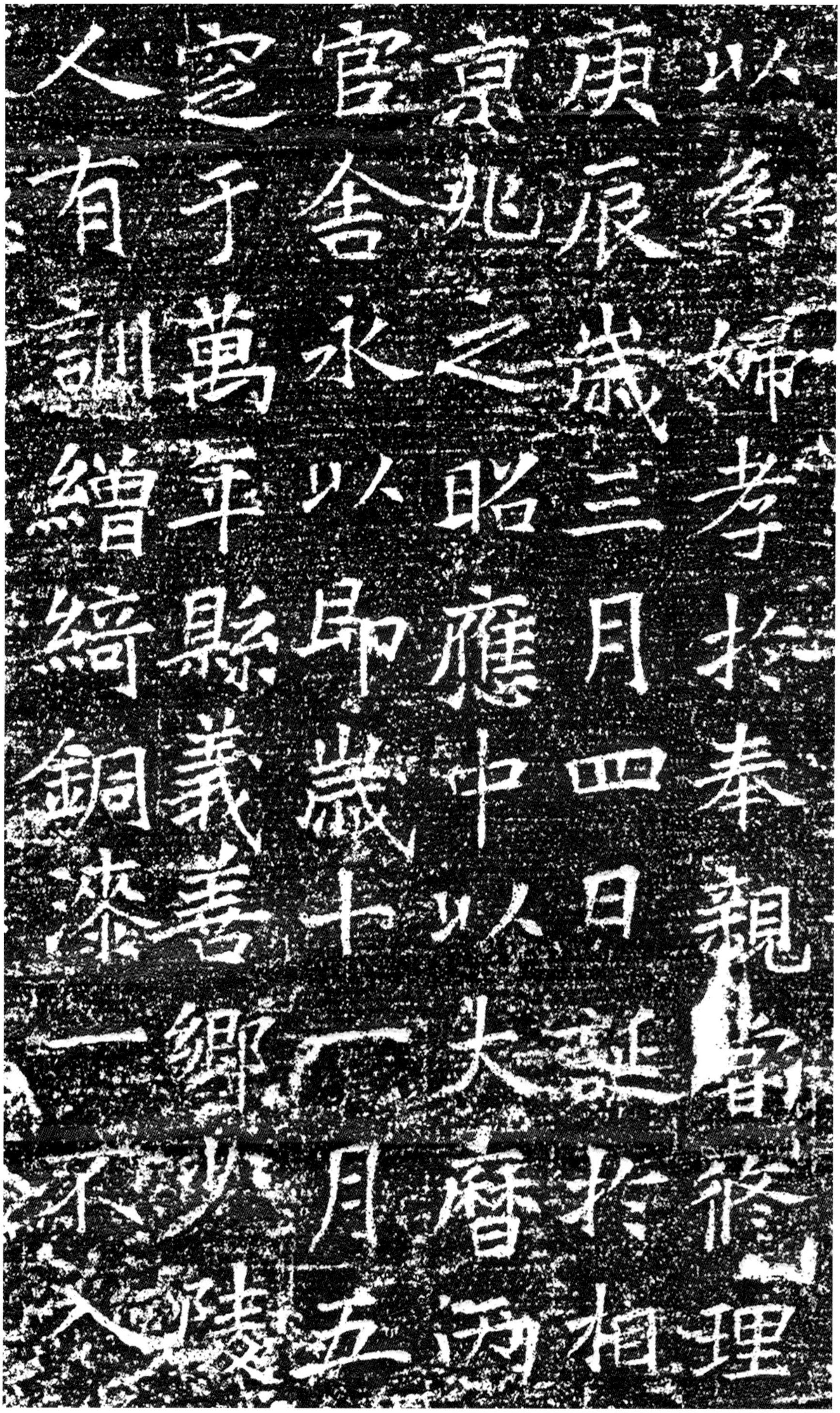
以為婦孝於奉親當務理
庚辰歲三月四日誕於相
京兆之昭應中以大曆兩
官舍永以歸歲十一月五
寔于萬年縣義善鄉少陵
人有訓繒綺銅漆一不文

唐元蘋夫人墓誌

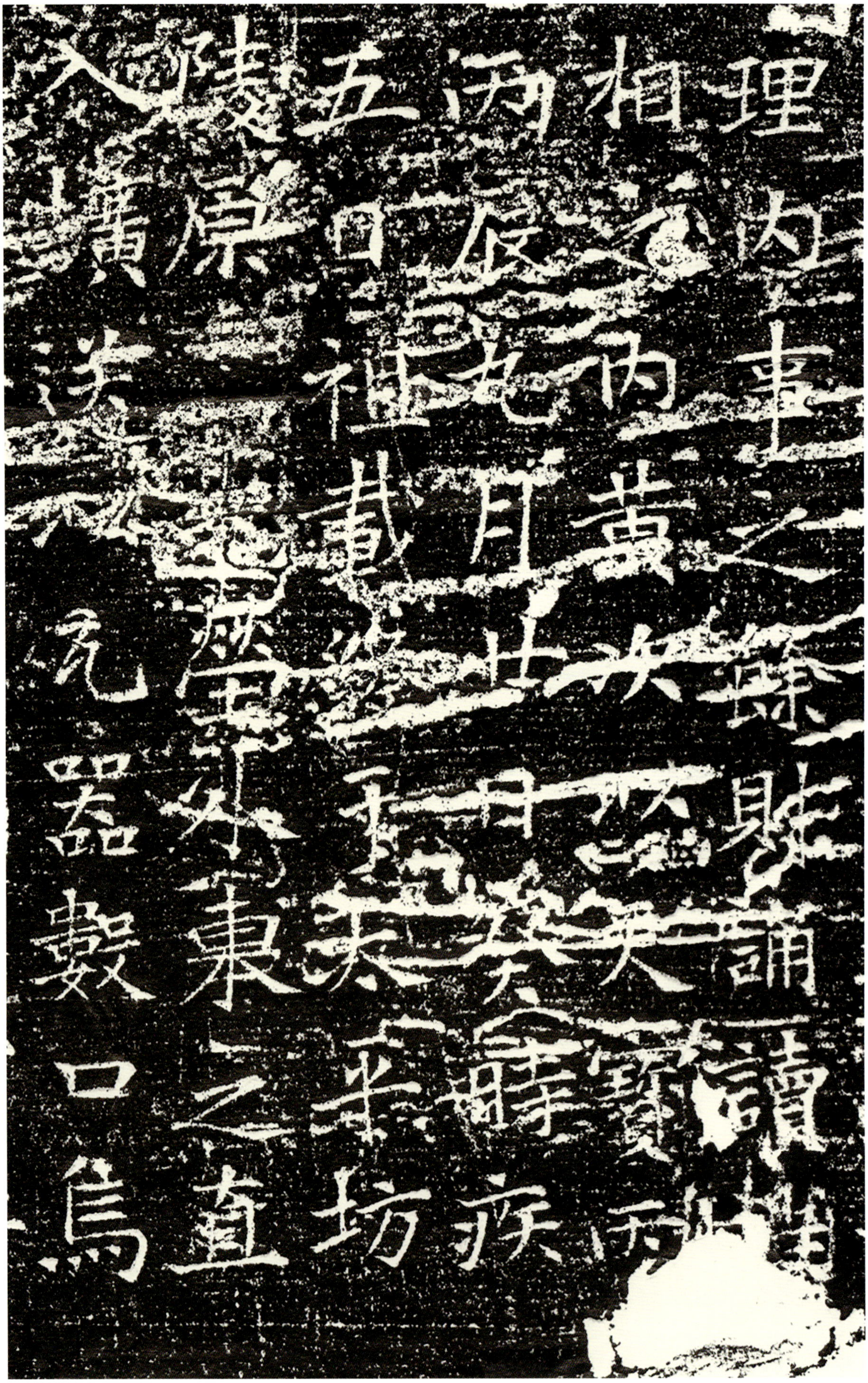

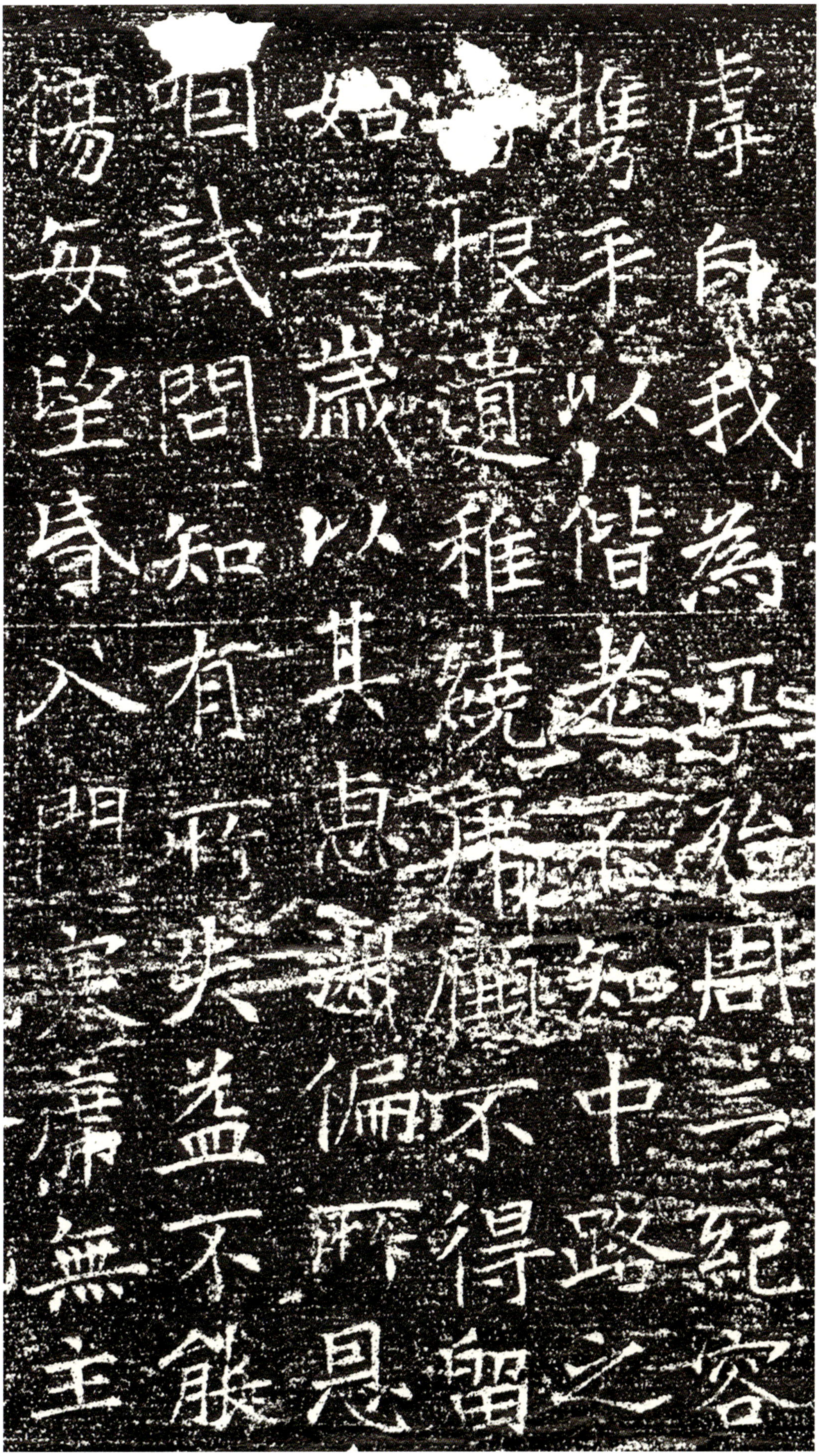
享自我爲至殆[illegible][illegible]紀容
携手以偕老子知中路之
[illegible]恨遺稚嬈[illegible][illegible]不得留
始五歲以其息[illegible]偏所是
回試問知有所失蓋不能
傷每望倚入門室[illegible]無主

容德斯整燕言莫違賤然
之云訣相視之際奄無一
留況長未適人幼弱褰乳
是愛嘗手教書札旨授千
餘勝天乎忽此奪去如棄
主手澤衣襮尚識平生香

然其姿忽焉禍至方將
言母嘗居遠永絶
乳又哥戀著有小女季
千文見余哀泣亦復涕
棄余年過強仕晚而易
香奩粉囊猶置故處器

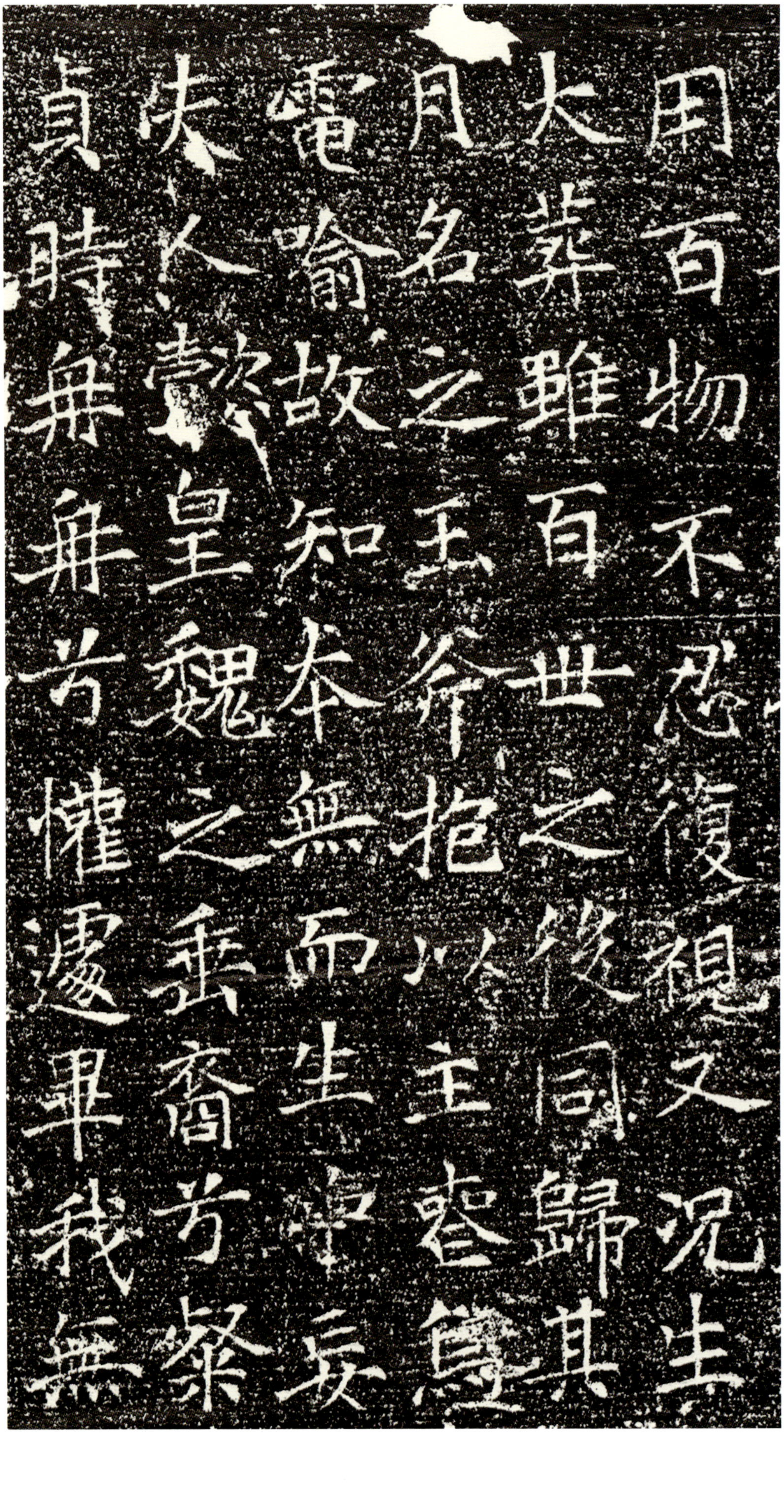
用百物不忍復視又況生
大葬雖百世之後同歸其
月名之玉斧抱以主奄亶
電喻故知本無而生必妄
夫人懿皇魏之垂裔芳條
貞時冉冉芳懽遷畢我無

生虞貧約歿無□帶宅永
其沉如忘無□混家泉
爲深空乏任□□紀容
長有懷家吾□奉何以
乏星之亭有我□德□
我享亨翠夫□□□□
蜜粲□冷□□□□□
生良芳鍾□□□□□
于無□□□□□□□
庚□□□□以□□

以爲貴日月行邁云及
一閈一男兩女男生嫛
上在目曾見炯逝信如
人驚迺誌而銘曰
以歸哉嗟婉潔豐[illegible]淋
亏殁于丙歲俱辰芳壽

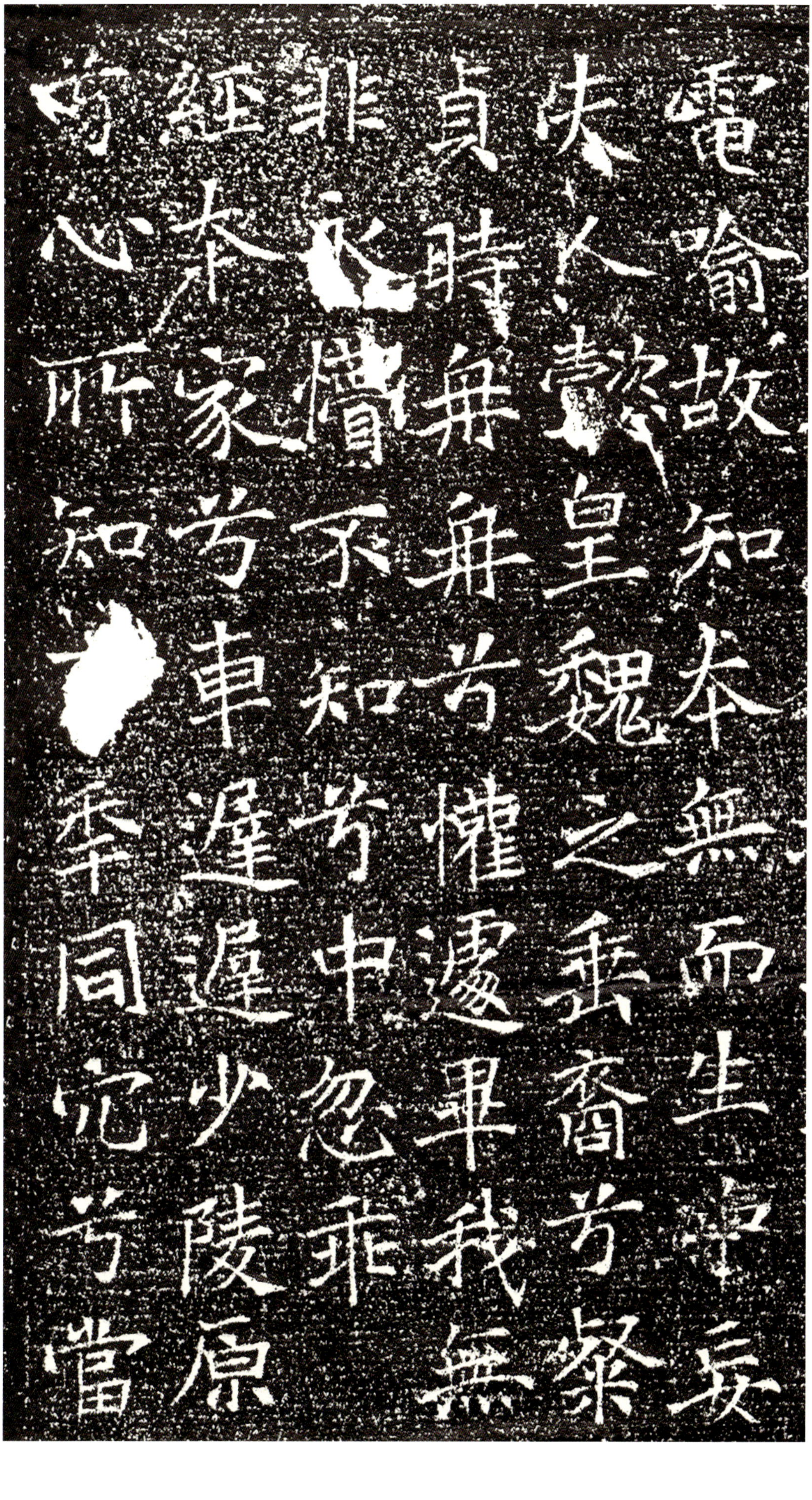
電喻故知本無而生寧長
夫人歎皇魏之垂裔兮粲
貞時無無兮懽遷畢我無
非儻不知兮中忽乖
經本家兮車遲遲少陵原
寄心所知乎同穴兮當

妄有懷人[illegible][illegible]奪我何以
粲華星之亭亭率令德以
無良兮鍾我瑩生于庚兮
母遠女幼兮男在懷不
原上兮霜斷肌晨起踐之
當何悲

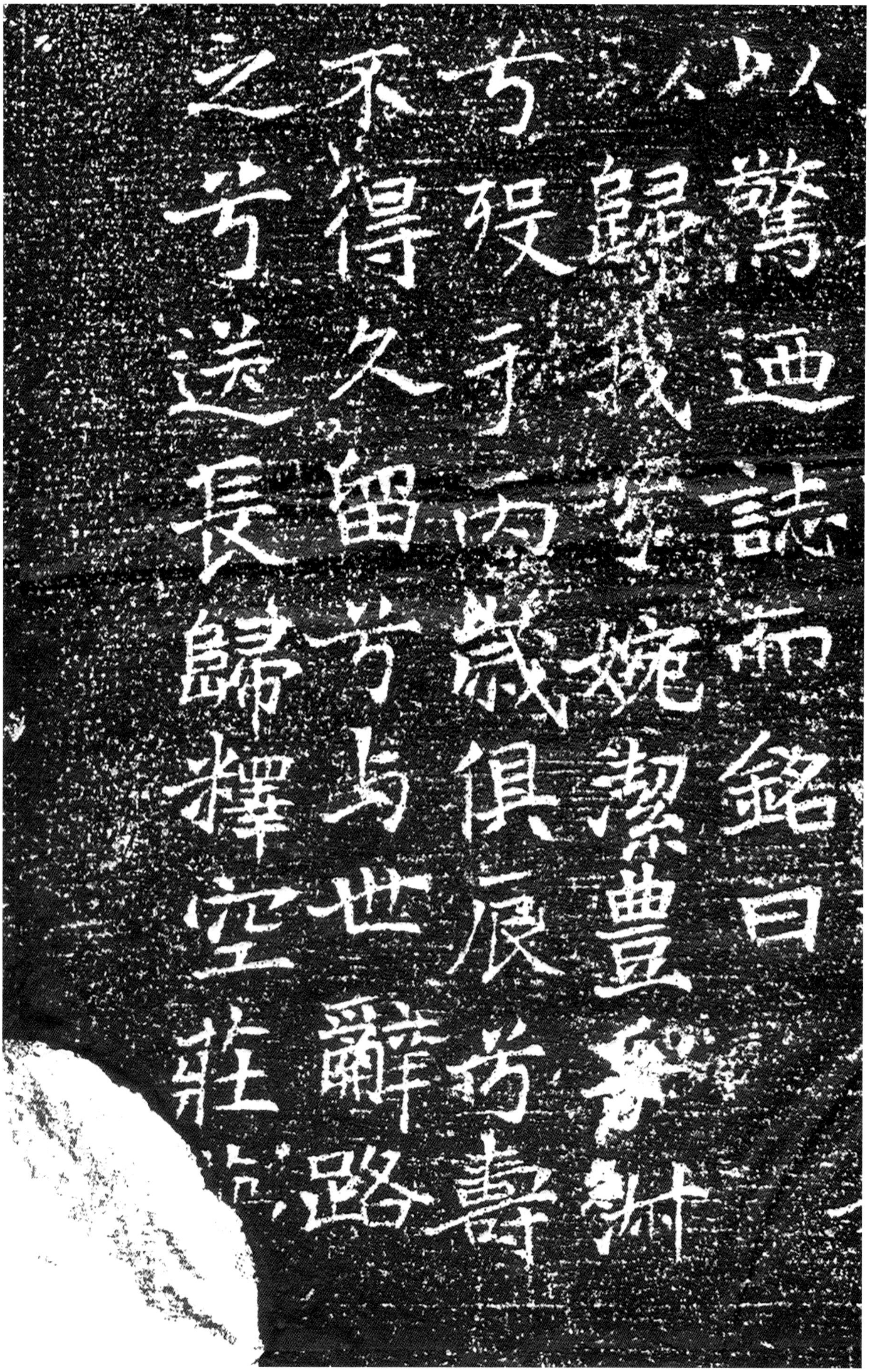
人驚迺誌而銘曰
人歸我室婉潔豐姿淑
兮殁于丙歲俱良兮壽
不得久留兮与世辭路
之兮送長歸釋空莊

018

唐萬氏夫人墓誌

【概要】

萬氏夫人（八一四—八五二），豫章郡（今江西南昌）人，大中六年（八五二），葬於楊子縣泣濱鄉白杜村。

墓誌原爲江都汪廷熙所藏，今原石已佚。墓誌并蓋拓片各一張，汪廷熙手拓，陸和九原藏。其中墓誌誌文十一行，滿行十三字，楷書。墓誌拓片跋文：『汪廷熙字仲恪。』有『汪廷熙印』『仲恪手拓』『江都汪氏問禮堂收藏印』等印。右邊跋：『唐萬夫人墓誌銘。大中六年十二月十三日，沔陽陸和九題於龍泉寺下院。』左邊跋：『晚拓本石已斷。第四行育字、第五行公字、第六行其字、第七行㝐字、第八行村字，均有裂痕。和九校。』墓蓋題『萬氏夫人墓誌』，拓片跋文爲：『汪孟慈名喜孫客甫先生之子和九記。』收藏印：『臣喜孫印』『孟慈』；『曾在陸和九處』『和九』。

【誌蓋】

萬氏夫人墓誌

【誌文】

故萬夫人墓誌

有唐大中六年，龍集壬申十二月十三日，豫章郡萬夫人終于揚州江都來鳳之里，年卅九。爰自笄年，歸于闞氏之室，育有三男一女，長子公慶，次曰公閔，幼曰公閒。卜其宅兆，即以當月廿四日，窆于楊子縣界泣濱鄉白杜村。其地東西十丈，南北十五丈，刻字于墓，庶乎後迷，万古千秋，永爲後記。

019

宋田子茂墓誌

【概要】

田子茂（一〇五九—一一一四），忻州（今山西忻州）人，政和六年（一一一六），葬於忻州城南之竇羅。《宋田子茂墓誌》，一九五七年八月山西忻縣出土，誌蓋已佚。誌文六十一行，滿行四十三字，行書，首題『宋故武功大夫河東□□將管轄訓練澤州隆德府威勝軍遼州兵馬隆德府駐劄田公墓誌銘』，宋周邦彥撰文，王勤書丹。墓誌原石現存山西省博物館。

此件承張頌先生所贈，并有跋文：『《田子茂墓誌銘》是很有歷史價值與藝術價值之珍品，原石存山西省博物館。一九五七年八月忻縣出土，因出土較晚，故未顯於世。一九八〇年香港羅忼烈先生所著《周邦彥詩文輯存》一書（一山書屋有限公司出版）中第一次作爲書影圖版正式著録。此前，一九五八年發表於《文物參考資料》第五期。知者甚稀！張頌誌。』

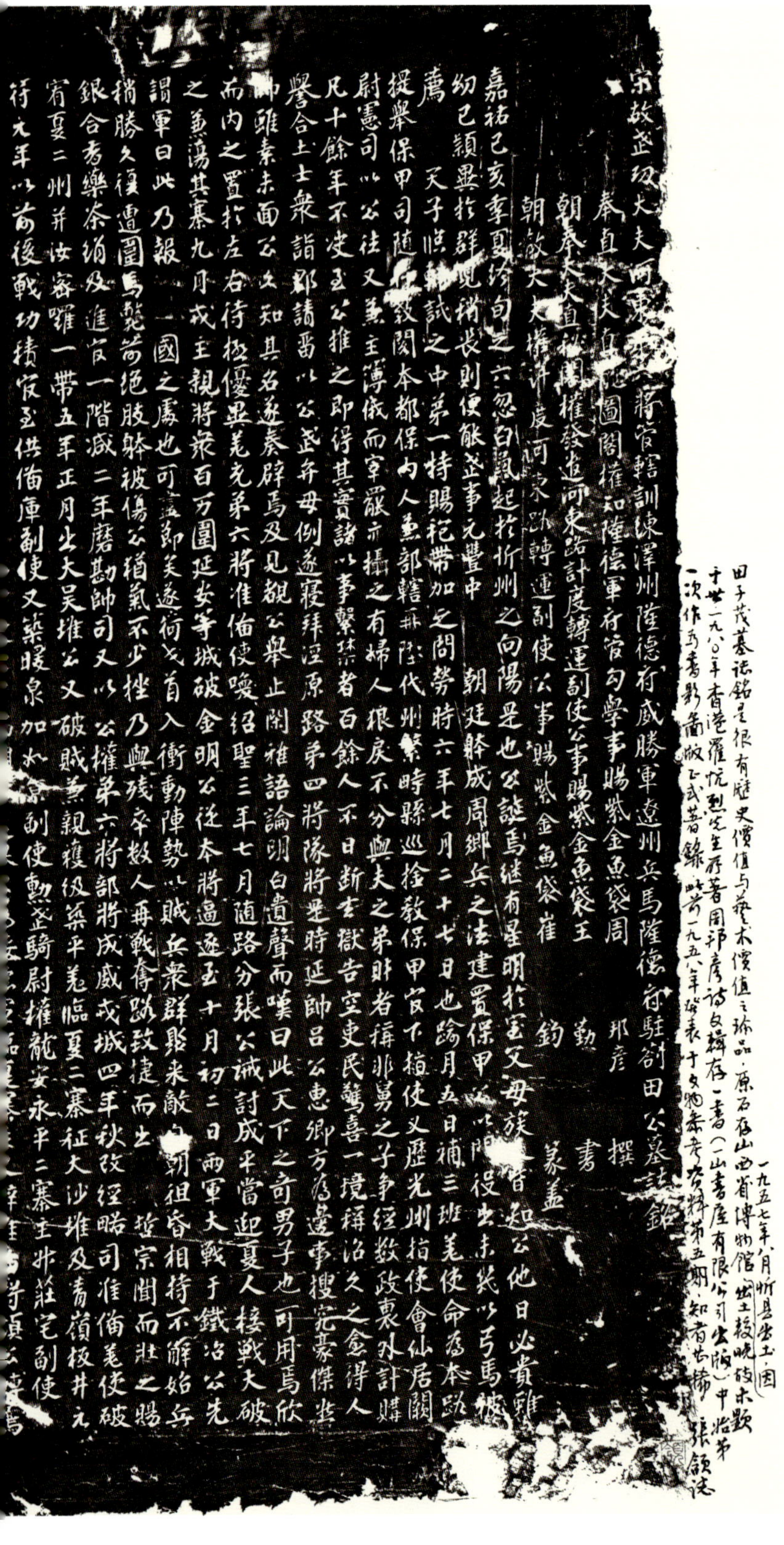

宋田子茂墓誌

【誌文】

宋故武功大夫河東第六將管轄訓練澤州隆德府威勝軍遼州兵馬隆德府駐劄田公墓誌銘

奉直大夫、直龍圖閣、權知隆德軍府、管勾學事、賜紫金魚袋周邦彥撰

朝奉大夫、直秘閣、權發遣河東路計度轉運副使公事、賜紫金魚袋王勤書

朝散大夫、權計度河東路轉運副使公事、賜紫金魚袋崔鈞篆盖

嘉祐己亥季夏終旬之六，忽白氣起於忻州之向陽，是（日）也，公誕焉。継有星明於室，父母族人皆知公他日必貴。雖幼，已穎異於群兒；稍長，則便能武事。元豐中，朝廷體成周鄉兵之法，建置保甲，公以門役出。未幾，以弓馬被薦。天子臨軒試之，中第一，特賜袍帶，加之問勞，時六年七月二十七日也。踰月五日，補三班差使，命爲本路提舉保甲司隨行，教閱本都保内人兼部轄，再陞代州繁時縣巡檢、教保甲官、下指使，又歷光州指使。會仙居闕尉，憲司以公往，又兼主簿。俄而宰罷，亦攝之。有婦人狠戾，不分與夫之弟財者，稱非舅之子。争經數政，裏外計購，凡十餘年不决。至公，推之即得其實。諸以事繫禁者百餘人，不日斷去，獄告空，吏民驚喜，一境稱治。久之，愈得人譽，合士士衆，詣郡請留。以公武弁，毋例，遂寢。拜涇原路弟（第）四將隊將。是時，延帥吕公惠卿方爲邊事，搜究豪傑，然帥雖素未面公，久知其名，遂奏辟焉。及見，覩公舉止閑雅，語論明白，遺聲而嘆曰：『此天下之奇男子也，可用焉。』欣而内之，置於左右，待極優異，差充弟（第）六將准備使喚。紹聖三年七月，隨路分張，公誠討成平，當迎夏人，接戰，大破之，兼蕩其寨。九月，戎王親將衆百萬，圍延安等城，破金明。公從本將逼逐，至十月初二日，兩軍大戰於鐵冶，公先謂軍曰：『此乃報國之處也，可盡節矣。』遂荷戈首入，衝動陣勢。以賊兵衆，群聚來敵，自朝徂昏，相持不解。始兵稍勝，久復遭圍，馬斃箭絶，肢體被傷，公猶氣不少挫，乃與殘卒數人再戰，奪路致捷而出。哲宗聞而壯之，賜銀合香藥茶絹，及進官一階，減二年磨勘。帥司又以公權弟（第）六將部將，成威戎城。四年秋，改經略司准備差使，破宥、夏二州，并汝、密、囉一帶。五年正月，出大吴堆，公又破賊，兼親獲級，築平羌、臨夏二寨，征大沙堆及青嶺板井。元符元年，以前後戰功，積官

至供備庫副使，又築暖泉，加如京副使，勳武騎尉，權龍安、永平二寨主，升莊宅副使。上即位，轉右騏驥副使，以磨勘爲西京作坊使，陸公師閔□延舉公爲綏德軍臨夏寨主，又辟准備將領。公轉薦同僚而讓之，人己德公者多。三年，姦臣范純粹來延，以與吕公有隙，又嘗於元祐中與兄純仁曾有棄地迹狀，目鄜延有功，輒生沮意。欲飾前非，乃奏于朝，稱本路自軍興以來，詐冒功賞，又置獄嚇脅戰士，出牓諭人，意要虚首。一路震恐，晨夕不遑，致使立功之人但且脱禍，不敢顧禄，悉皆曲從。惟公與皇城使范宏及黄彦等數人不伏，公獨尤甚，遂陷之於獄，抑勒要認。公曰：『首可舍，冒賞則無，不必某，一路皆然。若本路無功，斬虜數萬，闢地千里，不知自何而得也？』更頗有及帥之語。純粹既知其不能屈，即釋之，乃辟綏德軍暖泉寨主。公曰：『帥以此收余，情非公也。』遂不就。故天下之人聞公之風者，識與不識，皆推爲大丈夫矣。當是時，公猶欲詣闕以雪衆冤，遇臣寮上言廢純粹，是非既明，公遂已。吕公由是知之，語人曰：『余曩日厚待此人，誠不誤矣。』自尔公愈光，徙同管勾黑水堡公事。陶節夫守延，性酷貪饕，始不知公，怒其不奉以威，戎蕃官逃背，不問本土，反以公鄰寨，爲不覺察銜替，又褫一官。公擬行，方悟公正人，悔而復留。修威德軍，并御謀嗣武等城。继聞父喪，五日不食，號泣而歸，行路之人，見皆感涕。自是居憂，前任之事更不復辯也。將葬之期，河冰初坼，淺深未定，人皆病涉，隔其墳壟。公祈之，是夕風大作，冰復堅。車輿既過，隨跡如故。鄉里共知公之至孝之所致也。人欲聞於官，公遽使人止之。鄜延築銀州，又自服中辟，及迴太原，帥王公端继鍾公傳之太原，皆欲奏公起復爲麟州銀城寨都監，公固辞。服除尚廬墓，了無仕宦意。親戚鄉人遂强起之，復舊官，進勳飛騎尉，鄜延又築龍泉、土門、鎮邊三寨，亦差公焉。大觀初，朝廷以河朔據大虜，遴擇人材，非有能聲者不使其任，公首以應議，除真定府路准備將領，尋遷六宅使，升勳驍騎尉，又差同管轄訓練河北第十一將軍馬，磁州駐劄。李進、李免作乱，殺官吏，趙鐆等用河東、定州、真定三路兵捕之，諸將惟以搜求山谷爲事。公曰：『衆兵既舉，賊勢日弱，更焉能與王師爲敵？今裏逼既急，必逃于外。』遂將兵數百，上承天閣，以断入北諸路。初，人以爲迂迴，後賊果欲適，聞公已截其道，乃失計匍匐而返。異日詔下：不管透漏，若賊入北，帥已下并以軍法處置。人又服公有先見之明。始寇纔發，帥王公博聞方論，乞舉諸鎮兵以助捉殺，請諸將議之。嘗獻言曰：『此一鼠寇，烏能爲吾國之患？若兵衆既舉，遠迩震動，以爲賊能如何也，恐愈長聲勢。又，諸道兵至，紛紜錯雜，遞不相認，寧知其賊別無姦詐？不若只揀擇精鋭千人，付有心力將以將之，日夕追捕，非久必困，自可俯拾也。』帥意務速，不用謀焉。果諸藩兵至，混而不辯，賊亦易衣，亦如天兵僞爲捉殺，往來□稱路分，竟不能獲。國家念河朔久爲賊擾，以恩招之，賊遂歸，遇公於塗，問人曰：『此非田公乎？』對者然，猶不敢正視。久之，謂其同者云：『當時若用此公謀，今日豈有我曹也？』尚有懼色。上授八寶進内藏庫使，改同管轄訓練河北弟（第）十三將軍馬，沼州駐劄，又移趙州。四年，北賊盧六斤、蘇蛾兒聚黨數百人，於兩界之間，凡出入作過，官吏不敢追捕。幅圓（員）千里，民不安堵。既又劫北寨，朝廷聞而患之，下本路令選有謀略將官以爲統領捉殺。時帥梁公子美曰：『非田仲堅則不可。』遂見委，自尔賊更無南犯。拜皇城使。北朝賀正使回，值趙州闕守，安撫司以公權領郡事，兼接待人使，人皆以爲差得其當。遷河東路弟（第）六副將。天子更正官号，改武功大夫。會錢公即帥太原，雅知公才美，遂舉充正將。因按兵遼澤，不幸致疾，歸隆德而不起，實政和四年正月二十一日也，享年五十有六。聞者嘆吁，踰月扶柩以歸，□□遮路哭祭，皆慟。擇以政和六年五月初三日，葬于寶羅之平。公爲人敦厚有常，寡言笑，雖任右列，未□□□□，暇日亦看書，酷好教子弟。嘗曰：『汝輩復以武進，吾亦不喜；如有衣青衣而入門，則我心□矣！』既而次子試挽，曲加獎顧，蓋務以激發其衆也。昔人所謂賢父者，公於是可以當之矣。公待士尤有禮，見寒者，不必言而濟之。凡親戚之窘，分俸以養，不能婚嫁葬祭者，又皆以助。然世又稱公獨能有以大過人者，兒孫未官，恩澤先及。他房凡所爲事，大率如此。且公所以不永乎壽者，以公生平歷官，退食視事，日夕不怠，故致勞役其心神，戕賊其天年也。公得疾至歿不昏，容顔言語皆如平昔，家人對泣，亦無甚憐之色，曰：『死生常事也。』凡留語數句，皆不及私。惟稱所恨者，有君恩未報。嗚呼！公之臨盡尚出此言，可謂忠矣！可謂忠矣！公初諱茂，後諱子茂，字仲堅。曾祖、祖皆不仕。父曰顔，以公貴，累贈左驍衛將軍。妣任氏，亦累贈太室人。三娶：彭氏贈仙居縣君，張氏贈仁和縣君，李氏封室人。男四人：泰寧，承節郎；泰靖，登仕郎；泰中、泰孝，未仕，皆業儒道。一女，已嫁。公寔唐雁門郡王承嗣之苗裔□，其五代祖知本者，五季廣運間來任定襄縣主簿，因家秀容焉。銘曰：

顏回至善兮，不永乎壽；李廣無雙兮，不封乎侯。公之無異兮，中道而止；我今悲之兮，以銘其幽。

陰陽人温運

刊字竇秘并男竇

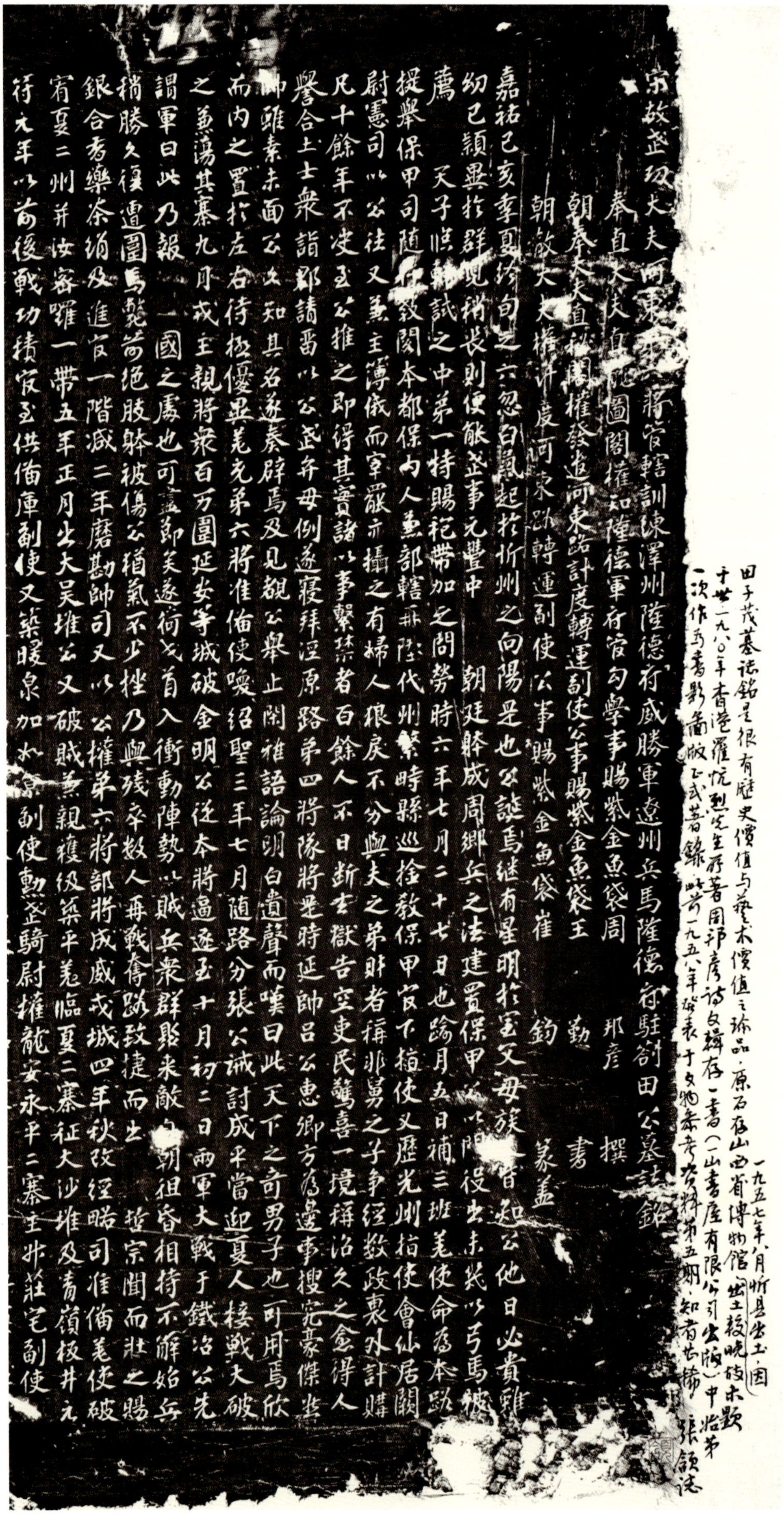
宋故武功大夫河東第六將管轄訓練澤州隆德府威勝軍遼州兵馬隆德府駐劄田公墓誌銘
奉直大夫直龍圖閣權知隆德軍府管勾學事賜紫金魚袋周　邦彦　撰
朝奉大夫直秘閣權發遣河東路計度轉運副使公事賜紫金魚袋王　勤　書
朝散大夫權河東路轉運副使公事賜紫金魚袋崔　鈞　篆蓋
嘉祐己亥季夏終旬之六忽白氣起於忻州之向陽是也公誕焉繼有星明於室又母族皆知公他日必貴雖
幼已穎異於群兒稍長則便騎武事元豐中　朝廷幹成周鄉兵之法建置保甲公以門役出求以弓馬被
薦　天子臨軒試之中第一特賜袍帶加之問勞時六年七月二十七日也踰月五日補三班差使命為本路
提舉保甲司隨任教閱本都保內人兼部轄并隰代州繁畤縣巡檢教保甲官不指使又歷光州指使會仙居關
尉憲司以公往又兼主簿俄而軍嚴亦攝之有婦人狠戾不分與夫之弟財者稱非夫之子爭經數政東外訐購
凡十餘年不決至公推之即得其實諸以事繫禁者百餘人不日斷去獄告空吏民驚喜一境稱治久之愈得人
譽合上士眾詣鄧請留以公武弁毋例遂寢拜涇原路第四將隊將是時延帥呂公惠卿方為邊事搜究豪傑豈
帥雖素未面公久知其名遂奏辟焉及見覩公舉止閑雅語論明白遺聲而嘆曰此天下之奇男子也可用焉欣
而內之置於左右待極優異差充第六將准備使喚紹聖三年七月隨路分張公誠討成平當迎夏人接戰大破
之兼蕩其寨九月戎主親將眾百万圍延安等城破金明公從本將遏逐至十月初二日兩軍大戰于鐵冶公先
謂軍曰此乃報　國之處也可盡節矣遂荷戈首入衝動陣勢以賊兵眾群聚來敵自朝徂昏相持不解始兵
稍勝久復遭圍焉驟前絕肢軀被傷公猶氣不少挫乃與殘卒數人再戰奪路致捷而出　哲宗聞而壯之賜
銀合香藥茶絹及進官一階減二年磨勘帥司又以公權第六將部將戍威戎城四年秋改經略司准備差使破
宥夏二州并汝密囉一帶五年正月出大吳堆公又破賊兼親獲級築平羌臨夏二寨征大沙堆及青嶺板井元
符元年以前後戰功積官至供備庫副使又築暖泉加如京副使勳武騎尉權龍安永平二寨主兆莊宅副使

田子茂墓誌銘是很有歷史價值與藝術價值之珍品，原石存山西省博物館（一九五七年八月忻县出土，因出土較晚故未顯于世）一九八〇年香港羅忼烈先生所著周邦彥詩文輯存一書（一山書屋有限公司出版）中始第一次作為書影而收下式著錄，此前一九五八年發表于文物參考資料第五期，知者甚稀。張頷述

上即位轉右騏驥副使以磨勘為西京作坊使陸公師閔□延舉公為綏德軍臨夏寨主又辟准備將領公轉薦
同僚而讓之人已德公若多三年叙注范純粹來延以□□公有隙又嘗按元祐中與兄純仁曾有棄地迹狀曰
鄜延有功輒去沮意欲飾前非乃奏于 朝稱本路自軍興以來詐冒功賞又置獄嚇脅戰士□榜諭人意要
虛首一路震恐晨夕不遑致使立功之人但且脫禍不敢顧祿悉皆曲從惟公與皇城使范寔及黃彥等數人不
伏公獨尤甚遂陷之於獄抑勒要認公曰首可含冒賞則豈不必其一路皆若本路兵功斬虜數方闢地千里
不知自何而得也更頗有及帥之語純粹既知其不能屈即釋之乃辟綏德軍暖泉寨主公曰帥以此取余情耶
公也遂不就故天下之人聞公之風者識與不識皆推為大丈夫矣當是時公猶欲詣 闕以雪衆冤遏臣寮
上言廢純粹是非既明公遂已呂公由是知之語人曰余曩日厚待此人誠不誤矣自爾□愈光從同官勾黑水
堡公事閤郎夫守延住酷貪饕始不知公怒其不奉以威戒蕃官逃散不問奔走反□公鄰寨為不覺察衝替又
褫一官公擬行方悟公正人悔而復要修威德軍并御謀嗣遂筭城繼聞父喪五日不食號泣而歸行路之人見
皆感涕自是居憂前任之事更不復辯也將葬之期河冰初坼淺深未定人皆病涉隨其壙□公祈之是夕風大
作水復堅車舉既過隨跡如故鄉里共知公之孝之所致也人欲聞於官公遽使人止之 鄜延築銀州又自服
中辭及迴太原帥王公端繼鍾公傅之太原皆欲奏公趣復為麟州銀城寨都監公固辭服除尚廬墓了無仕宦
意親戚鄉人遂强起之復舊官進勳飛騎尉鄜延又築龍泉土門鎮邊三寨亦差公焉大觀初 朝廷以河朔
據大虜遴擇人材非有能聲者不使其任公首以應議除真定府路准備將領尋遷六宅使加勳驍騎尉又差同
管轄訓練河北第十二將軍馬磁州駐劄李進李免作亂殺官吏趙鑾等用河東定州真定三路兵捕之諸將惟
以搜求山谷為策公曰衆兵既舉賊勢日弱更焉能與王師為敵今裏逼既急必逃于水遂將兵數百上承天閣
以斷入北諸路初人以為迂迴後賊果欲適閻公已截其道乃失計窮蹙而返異日 詔下不管透漏若賊
北帥已下並以軍法處置人又服公有先見之明始寇繼發帥王公博聞方論已舉諸鎮兵以防捉殺請諸將議
之嘗獻言曰此一鼠寇烏能為吾 國之患若兵衆既舉遠近震動以為賊能如何也恐愈長聲勢又諸道兵
至紛紜錯雜遽不相認寧知其賊別無姦詐不若只揀擇精銳千人付有心力將以將之日夕追捕非久必□自
可俯拾也帥意務速不用謀焉果諸藩兵至混而不辯賊亦易衣亦如天兵偽為捉殺使來乘隙分竟不能獲

國家念河朔久為賊擾以恩招之賊遂歸遇公於途問人曰此非田公乎對者然猶不敢正視久之謂其同者云
當將若用此公謀今日豈有我曹也尚有懼色　上授八寶進內藏庫使改同管轄訓練河北第十三將軍馬
洺州駐劄又移趙州四年北賊盧六斤蘇鐵兒聚黨數百人於兩界之間凡出入作過官吏不敢追捕幅圓千里
民不安堵既又劫北寨　朝廷聞而患之下本路令選有謀略將官以為統領提轄時帥梁公子美曰非田仲
堅則不可遂見委自尔賊更无南徙拜皇城使北朝賀正使迴值趙州闕守安撫司以公權領郡事兼接待人使
人皆以為能課其當遷河東路第六副將　天子更正官号改忠功大夫會錢公即帥太原雅知公才美遂舉
充正將因按兵遼澤不幸致疾歸隆德而不起實政和四年正月二十一日也享年五十有六聞者歎呀踰月扶
柩以歸□遮路哭祭皆慟擗以政和六年五月初三日葬于寶羅之平公為人敦厚有常寡言□雖任右列未
嘗□暇日亦看書酷好教□弟嘗曰汝輩復以忠進吾亦不喜如有衣青衣而入門則我□矣既而次子
誥授曲加獎顧蓋務以激發其志也昔人所謂賢父者公於是可以當之矣公待士尤有禮見寒者不必言而濟
之凡親戚之窘分俸以養不能婚嫁葬祭者又皆以助焉世又稱公獨能有以大過人者兒孫未官恩澤先及佗
房凡所為事大率如此且公所以□求乎壽者以公生平歷官退食視事日夕不怠故致勞役其心神殘賊其天
年也公得疾至殁不昏容顏言語皆如平昔家人對泣亦无甚慟之色曰死生常事也凡出語數句皆不及私推
稱所恨者有　君恩未報嗚呼以之區盡尚出此言可謂忠矣可謂忠矣公初諱茂後諱子茂字仲堅曾祖
皆不仕父曰顏以　公貴累贈左驍衛將軍妣任氏亦累贈太宜人三娶彭氏贈仙居縣君張氏贈仁和縣君□
封宜人男四人泰亨承節郎泰請登仕郎泰中泰孝未仕皆業儒道一女已嫁公寔唐雁門郡王承嗣之苗裔
其五代祖知本者五季屬運閏來任定襄縣主簿因家秀容焉銘曰
顏回至善兮不永乎壽　李廣无雙兮不封乎侯
公之忠異兮中道而止　我今悲之兮以銘其幽
陰陽人温　運
刊字寶秘并男寶□

020

清曹雪芹墓石

【概要】

曹雪芹墓石，一九六八年北京通縣平整『曹家大墳』時出土，由李景柱帶回家中，一九九二年又由李景柱獻給張家灣政府。墓石現存北京通州張家灣博物館。

【誌文】

曹公諱霑墓

壬午

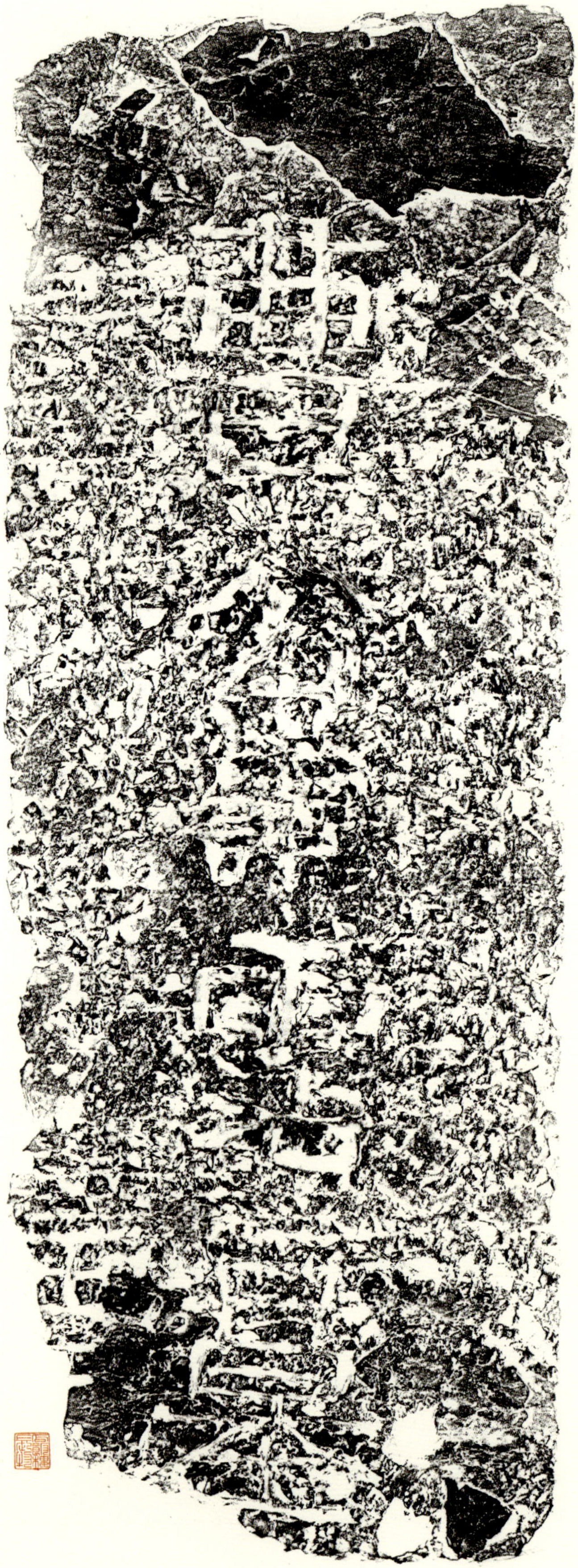

徐定戡、周退密、潘景鄭題曹雪芹墓石拓本

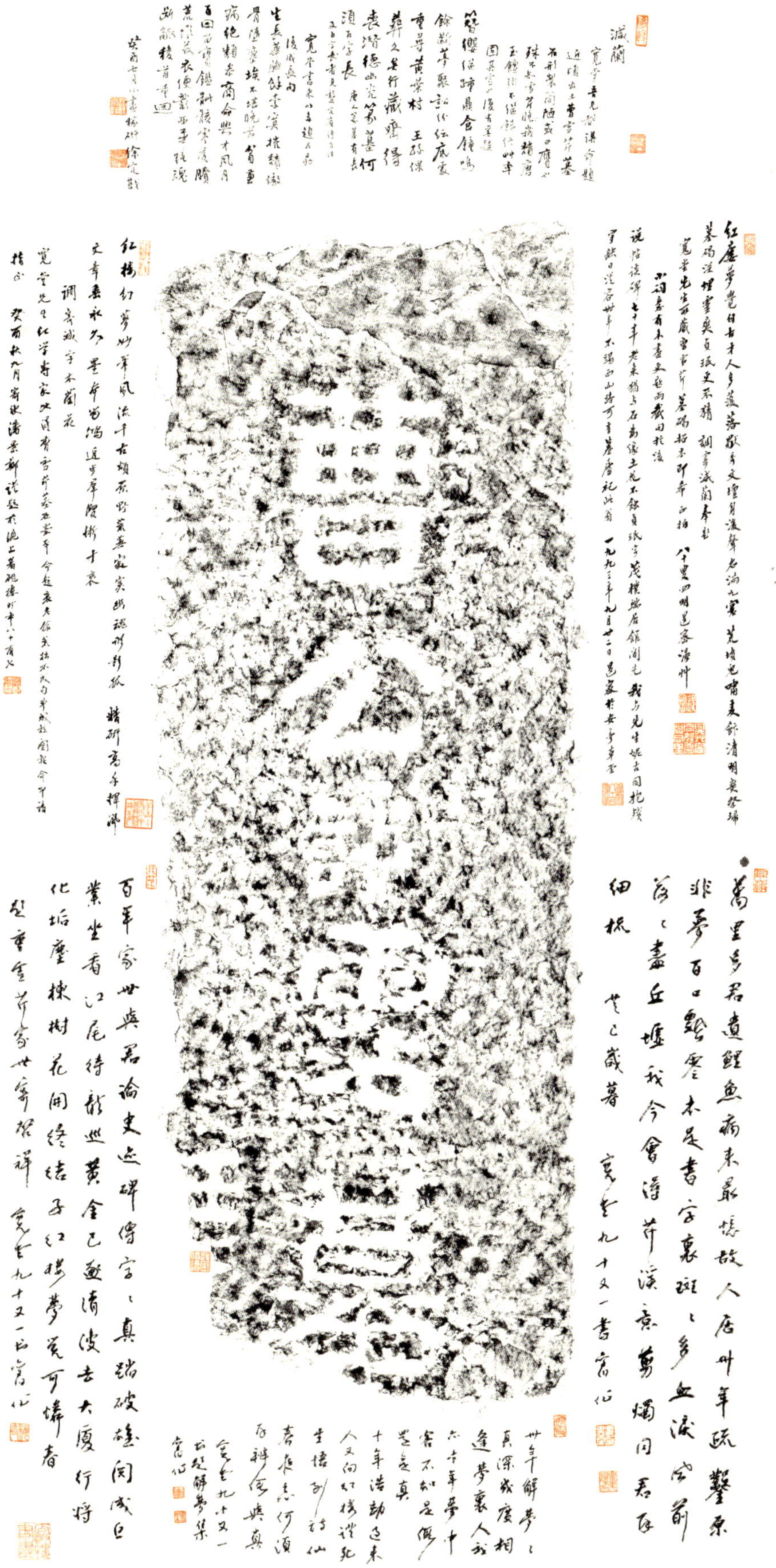

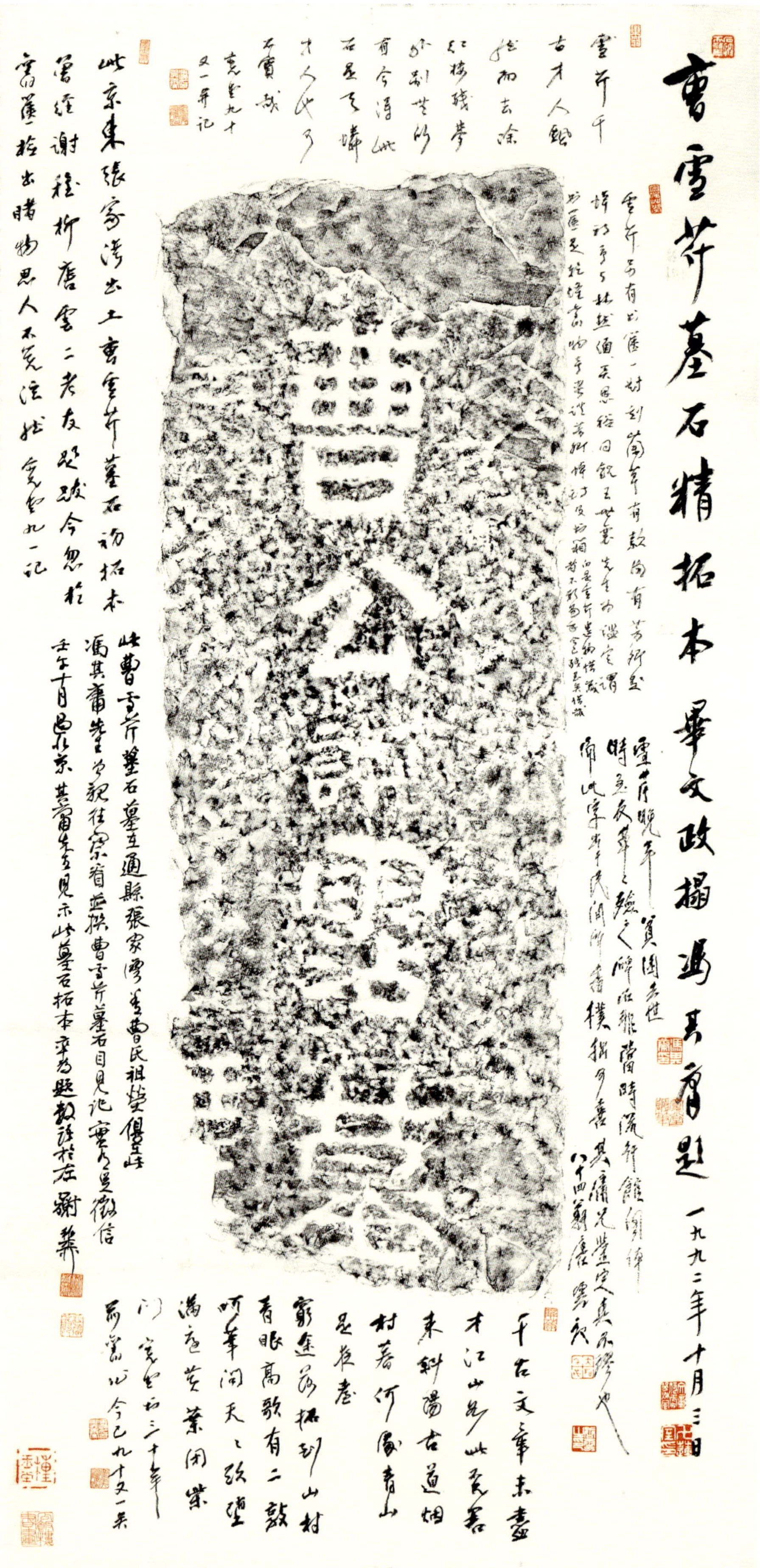

唐雲、謝稚柳題曹雪芹墓石拓本

硃書磚刻墓誌

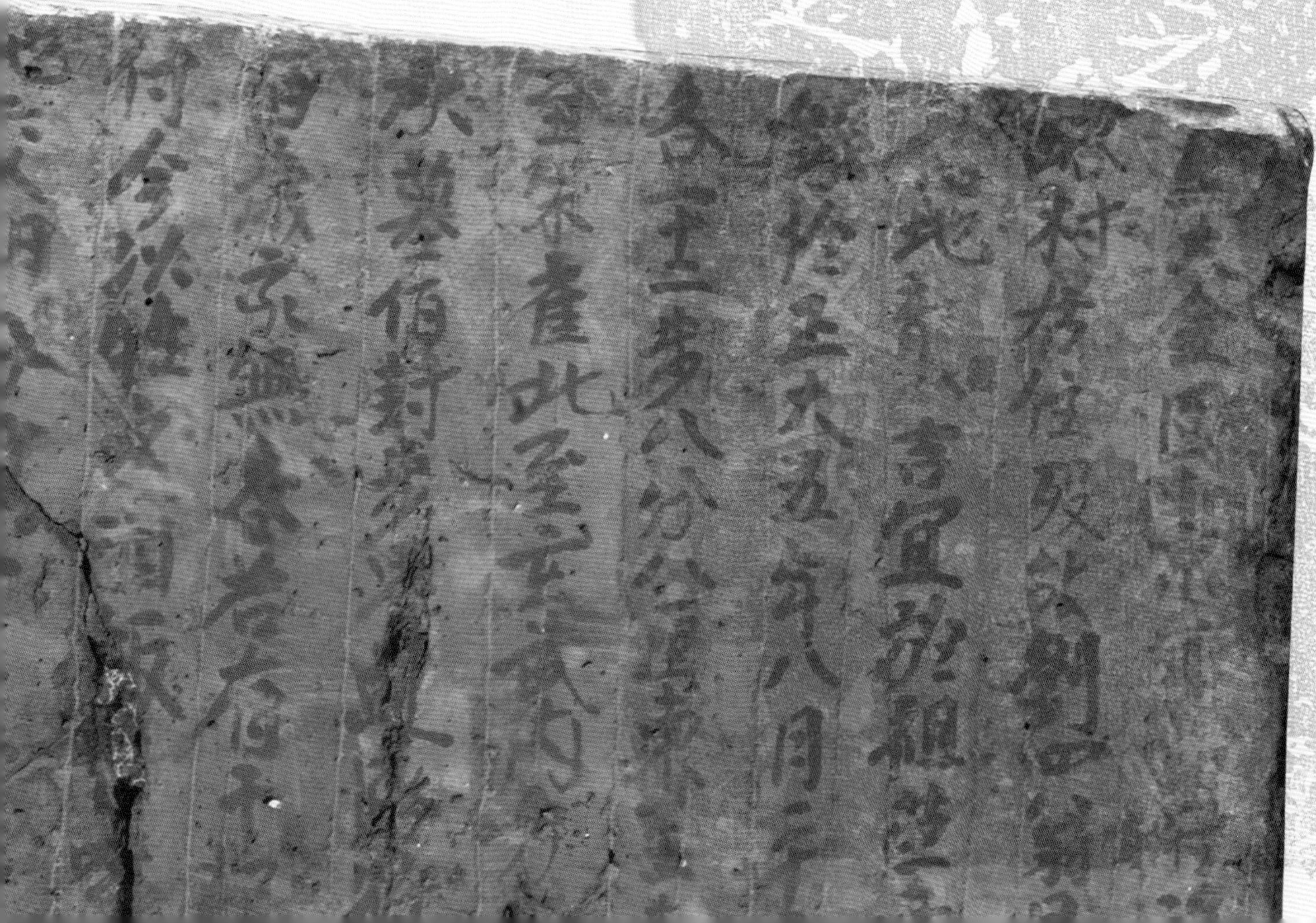

021

大金正大五年硃書劉四翁買塋地券

【概要】

青灰色磚質，最高處長29厘米，最寬處35厘米，厚6厘米。硃書，共十四行，行最多十九字。

【誌文】

維大金國中京金昌府洛陽縣賢相，瑯□峪村居住歿故劉四翁，見在洟土，未在高原，□地襲吉，宜於祖塋西南安厝宅兆。謹用錢於正大五年八月二十六日，買地二位，南北長各一十二步八分八厘。東至青龍，西至白虎，南至朱雀，北至玄武。內萬勾分，掌堂四域，丘承墓佰，封步界□路，符軍齊楚，阡陌□狀，百歲永無□，若有干犯者，將軍亭長收付。今以牲□酒飯，□□□□爲□契，財地交相，分付工匠修塋。已□永休吉知□八歲月□□今日真符，故□邪□，不得干□；先□□□者，永避萬里。若違此約，地府□更，主人記憶體，□□□□吉。急急如女青。

□□

022

明嘉靖磚刻向竹坡墓誌銘

【概要】

向竹坡（一五一六—一五四七），名乾，字子建，號竹坡，四川夔州人，嘉靖三十四年（一五五四）安葬。

《明嘉靖磚刻向竹坡墓誌銘》，由兩塊青灰色磚刻組成。其中一塊最高處高29.5厘米，最寬處28厘米，厚5.5厘米；另一塊高28厘米，寬29厘米，厚5厘米。墓磚兩面均有刻辭，兩磚正面爲墓誌銘，背面爲刊刻者題記。誌主於嘉靖二十六年遘疾而終，有二子：應麟、夢麟。

按大國四川夔
号竹坡墓誌銘
先生種桂叢林才
二子一女父官孫森正
嘉靖丁未二十二歲六月初五
哀號把毀盡孝子親選擇乙卯
丁丑辛亥時吉葬於秀峰姚家
刻磚紀事永垂墓銘
庠生克所黄氏嘉俊上德其
素知之深謹録其實以述其行

【誌文一】

按大國四川夔州□□□□□□□□向乾字子建號竹坡墓誌銘

先生種桂叢林，才高□□□□；□□□□，學博將躍龍津。二子一女，父宦孫森。正德丙子年戊戌初九丁亥丙午時生，嘉靖丁未三十二歲六月初五遘疾而傾。嗣生員應麟、夢麟，哀號杞毀，盡孝于親。選擇乙卯三十四年夏辛巳月十三丁丑辛亥時吉，葬於秀峰姚家溪前亥山字向。砌地爲城（域），刻磚紀事，永垂墓銘：

庠生克所，黃氏嘉俊；上德其字，蜚英后人。忝爲妹丈，素知之深；謹録其實，以述其行。

本葬日安誌

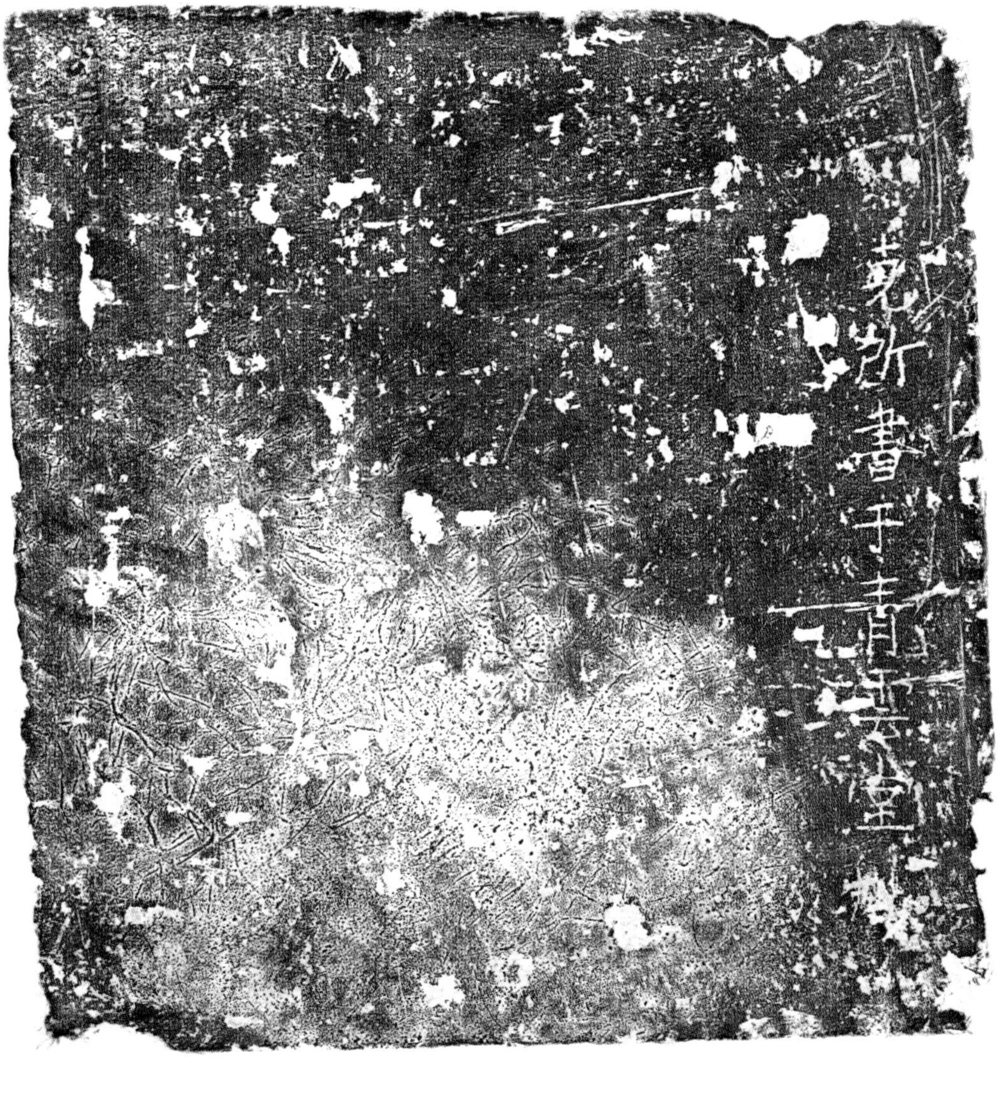

【背面刻文】

克所書于青雲堂

明嘉靖磚刻向竹坡墓誌銘

題向竹坡墓銘曰
美哉爵，芳佳城，其鬱□□鍾秀者虎踞龍盤子孫
榮顯芳變世衣冠袭蒙茲□□□日九天兒神護其
芳福澤綿□芳不墜乎斯萬牛
明故考生貞向記□□
父親任胡廣祖豐□□□郎考城山向雲鵬母親王氏即
左墓主火鄉之□□乾娶官門羅氏二生長子向應麟
娶顏氏長生□□□□孫女向菖次子向鬱麟
蕭氏最□□□□□□所世系遠且大矣
　　　　　黃嘉俊親手刑書

【誌文二】

題向竹坡墓銘曰：

美哉鬱鬱兮，佳城其巒。山水鍾靈兮，虎踞龍盤。子孫榮顯兮，奕世衣冠。褒崇寵渥兮，來自九天。鬼神護守兮，福澤綿綿。兮（『兮』字衍）不騫不虧兮，于斯萬年。

明故考生員向乾，習《詩經》。父親任湖廣湘潭縣將仕郎，号城山向雲鵬。母親王氏，大即左墓王少卿之妹也。乾娶宦門羅氏，二生（子）：長子向應麟，娶陳氏，生孫向父、向學，孫女向大姐；次子向夢麟，娶蕭氏。是皆乾之派流，世系遠且大矣。

庠生克所黃嘉俊親手刊書

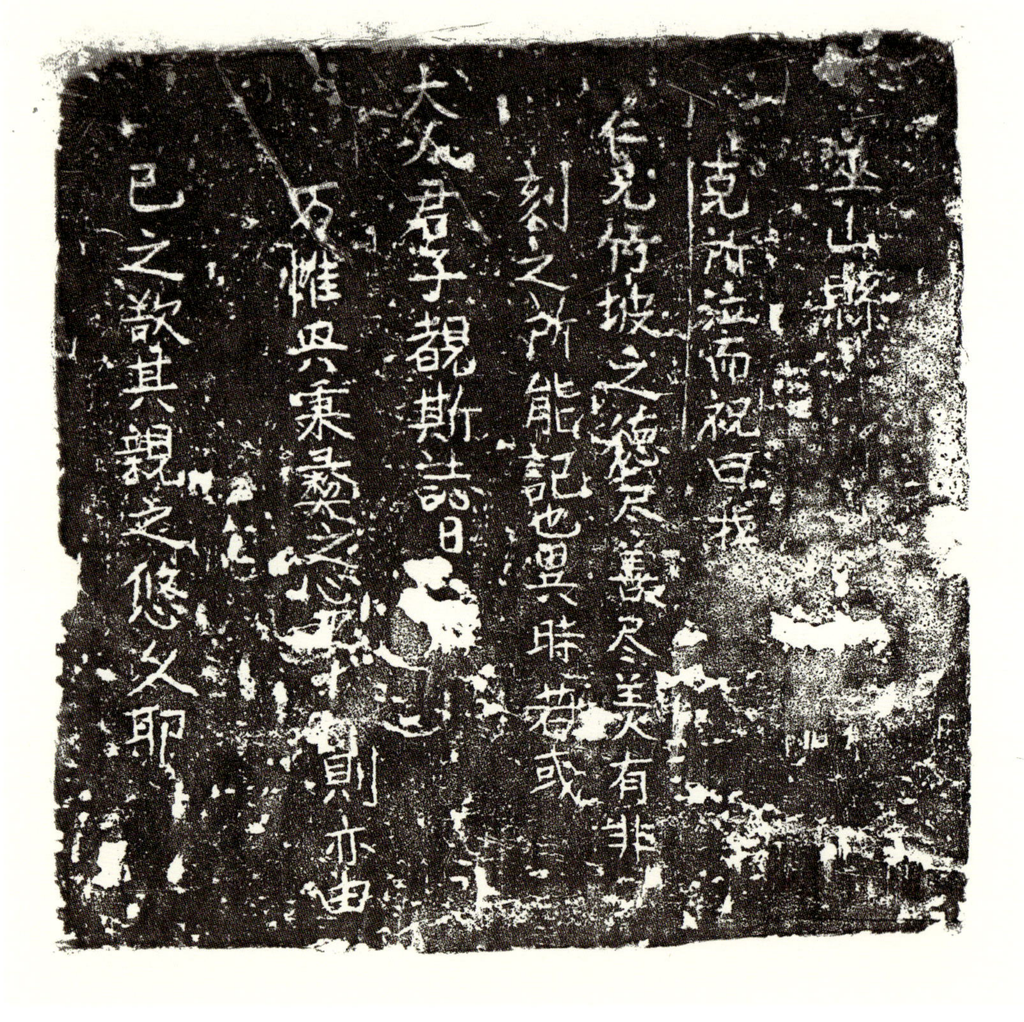

【背面刻文】

巫山縣

克所泣而祝曰：我仁兄竹坡之德，尽善尽美，有非刻之所能記也，異時若或大人君子覩斯誌日，万惟興秉彝之心，□□則亦由己之欲其親之悠久耶。

陶瓷器物墓誌

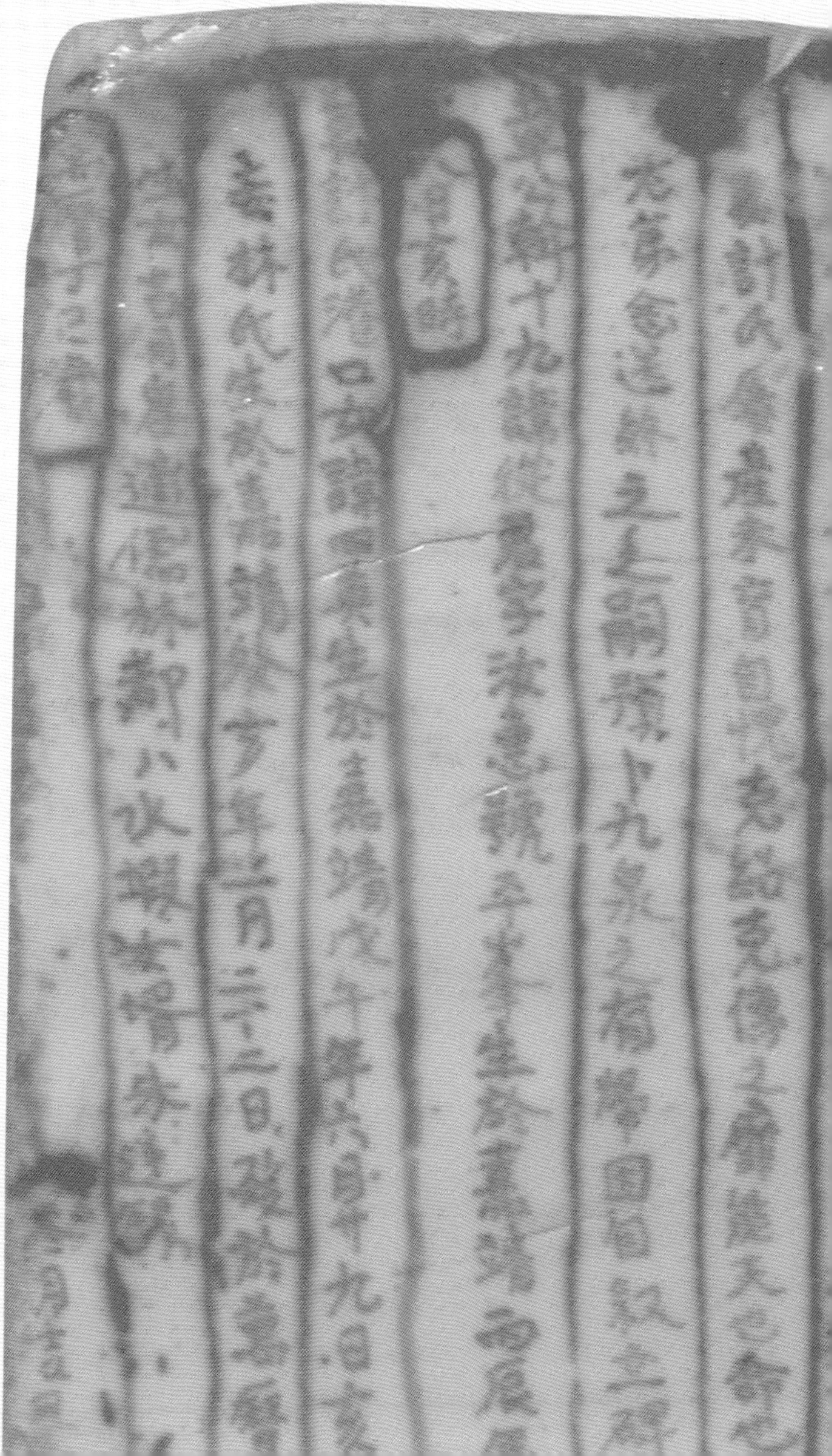

023

明萬曆章從君墓誌

【概要】

章從君（一五五六—一六一七），妻計四英，妾林氏。女章月容，婿朱廷録。墓誌爲瓷質，立碑式，墓誌僅高20厘米，底部最寬爲12.5厘米。誌文十一行，滿行二十四字，楷書，有界欄，首題『顯□章氏墓』。

【誌文】

潁□章氏墓

古云：生寄死歸。世豈有生無死，要皆後先相繼，以衍祖脉。□弗替予也，與兄斡三同氣，兄子柳春，傳芳，獨天啬厥後。妻計氏屢産未育。自愧克紹克傳之靡能，天也，命也。人亦奚尤，第念送終之乏嗣，預卜九泉之有歸，因自叙立碑以爲記。章公斡十九，諱從君，字汝惠，號平峯，生於嘉靖丙辰年四月初八日亥時。

妻計氏，港口女，諱四英，生於嘉靖戊午年六月廿九日亥時。

妾林氏，生於嘉靖癸亥年二月二十二日，歿於萬曆丁酉年。生女名月容，適儒林都八水塅，女婿朱廷録。

萬曆丁巳歲冬月吉旦

024

清乾隆黃國貞墓誌

【概要】

黃國貞（一六九六—一七五六），安陸人，乾隆二十一年（一七五六）葬於黃家畬。

墓誌由兩陶盤扣合而成，誌盤直徑21厘米，扣合起來厚6厘米。兩誌盤分別首題：『安陸黃公墓誌、光邑拾三都源頭安陸黃公墓誌』『淑廿二、光邑拾三都源頭安陸黃公墓誌』。兩盤內誌文楷書，共二十二行，行最多十九字，有界欄。

誌主妻鄧氏，生子有五：長子字宜權，媳高氏；次子字威範，媳李傅氏；三子字民範；四子字儀範；五子字禮範。

【誌文一】

安陸黃公墓誌

光邑拾三都源頭安陸黃公墓誌

【誌文二】

淑廿二

光邑拾三都源頭安陸黄公墓誌

【誌文二】

清故顯考黄公泒淑廿二，諱國貞，字學貞，係加四十二公之長孫，美十三公之長子。生于康熙丙子年四月初二日未時。妻鄧氏，生子有五。長泒慎十一，字宜權，媳高氏，生孫二，長曰江，幼曰淮，孫媳陳氏。次泒慎十七，字威範，媳李傅氏，生子曰波生。三泒慎二十，字民範。四泒慎三十五，字儀範，媳李氏。五泒慎，字禮範。慨我公享年六十一歲，不幸終於乾隆二十一年丙子歲八月廿九日戌時，正寢本年閏九月廿三日午時，卜葬本都游宅。

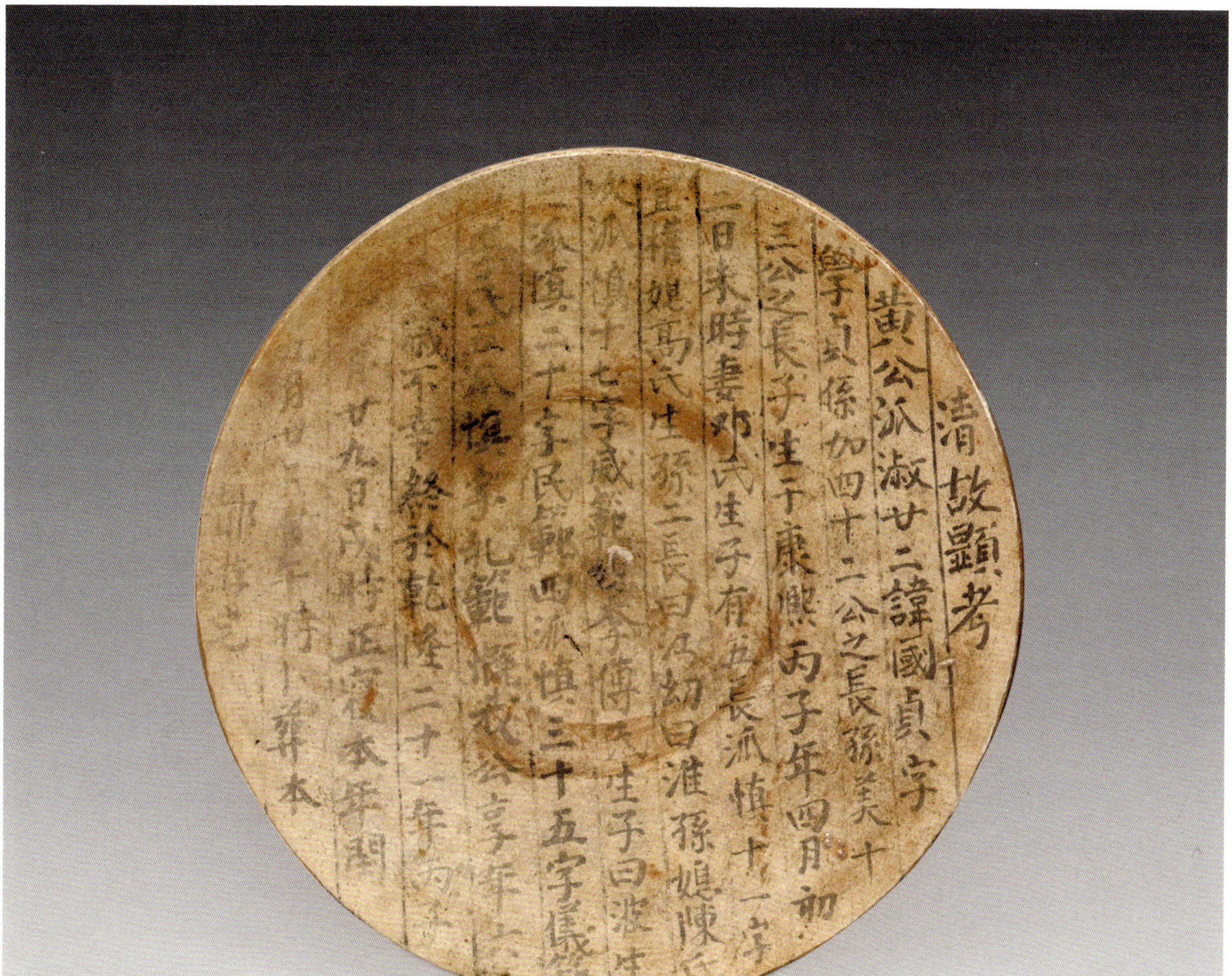

【誌文四】

屋後，地名黃家畬。祖公加四十二，坐山左，旁正作甲山庚向，兼卯酉三分，庚寅庚申分金。惟翼山榮水秀，庇蔭無疆，子孫綿遠，富貴繁昌。是以爲誌。

乾隆丙子歲又九月廿三日立

選擇宗侄恭文、堂叔時夏書

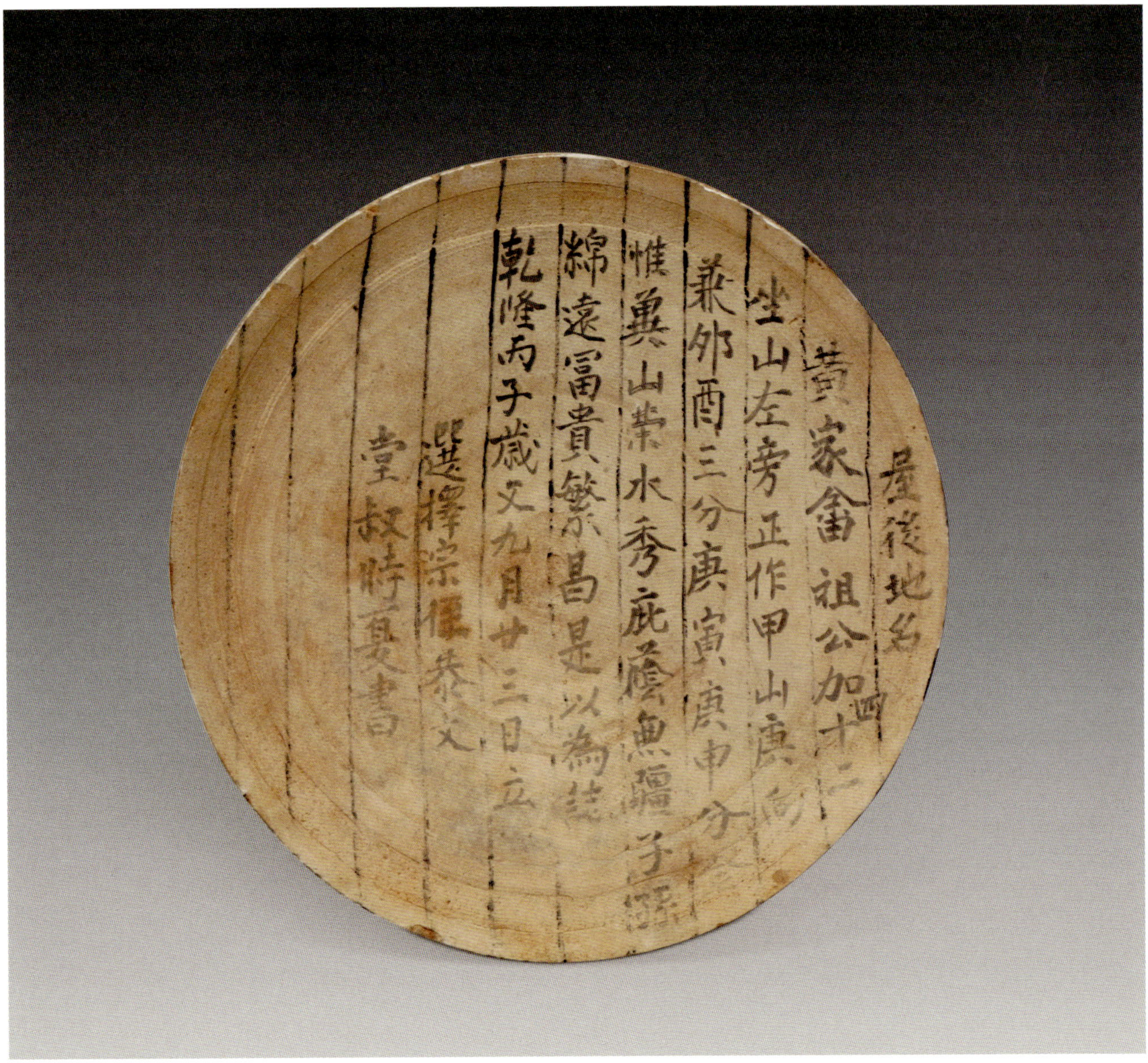

025

清乾隆楊汝盛墓碑

【概要】

楊汝盛（？—一七八〇），乾隆四十五年殁。

墓誌爲瓷質，立碑式。墓誌上部斷殘，殘高42厘米，寬27.8厘米，厚7.5厘米。

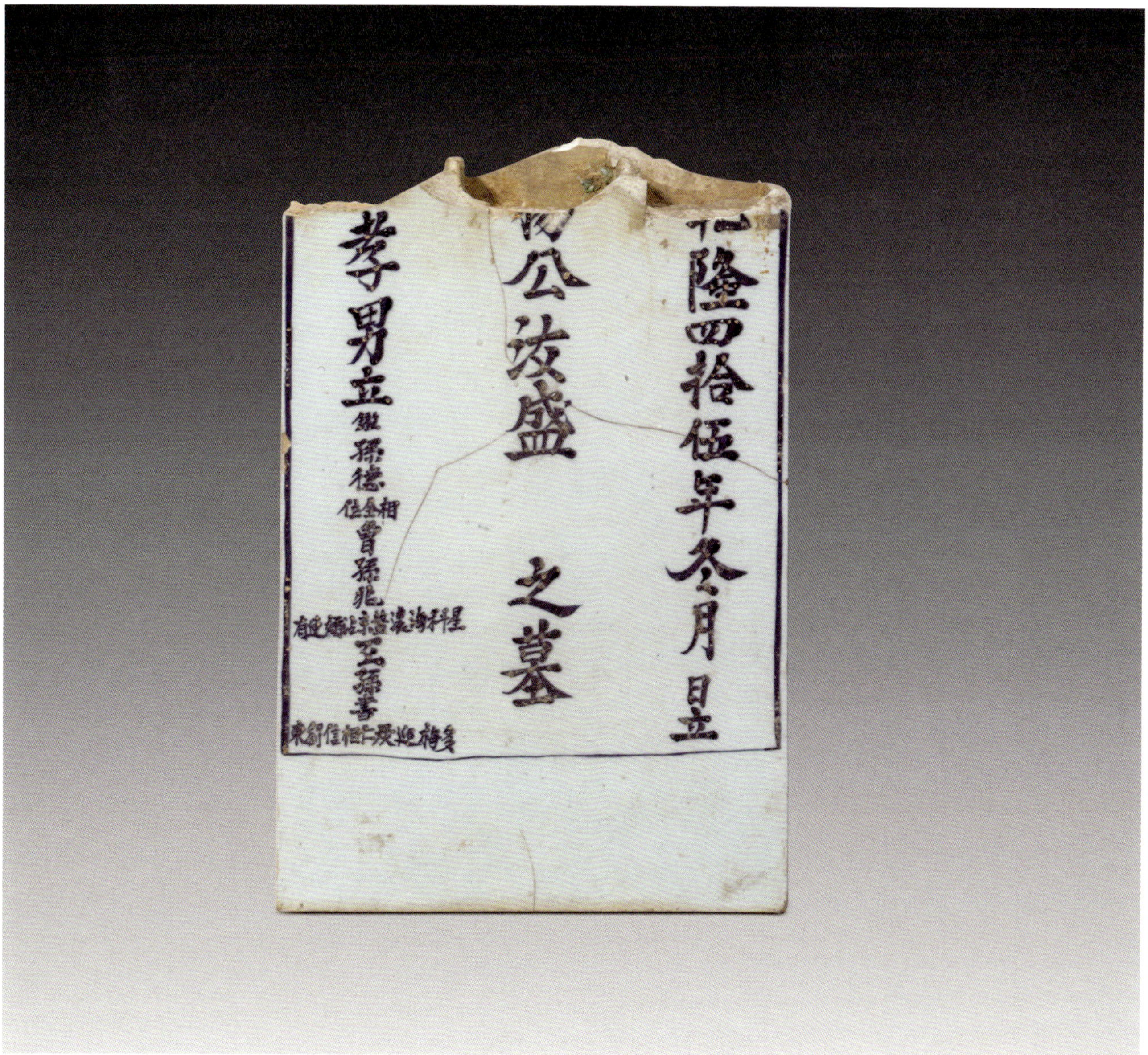

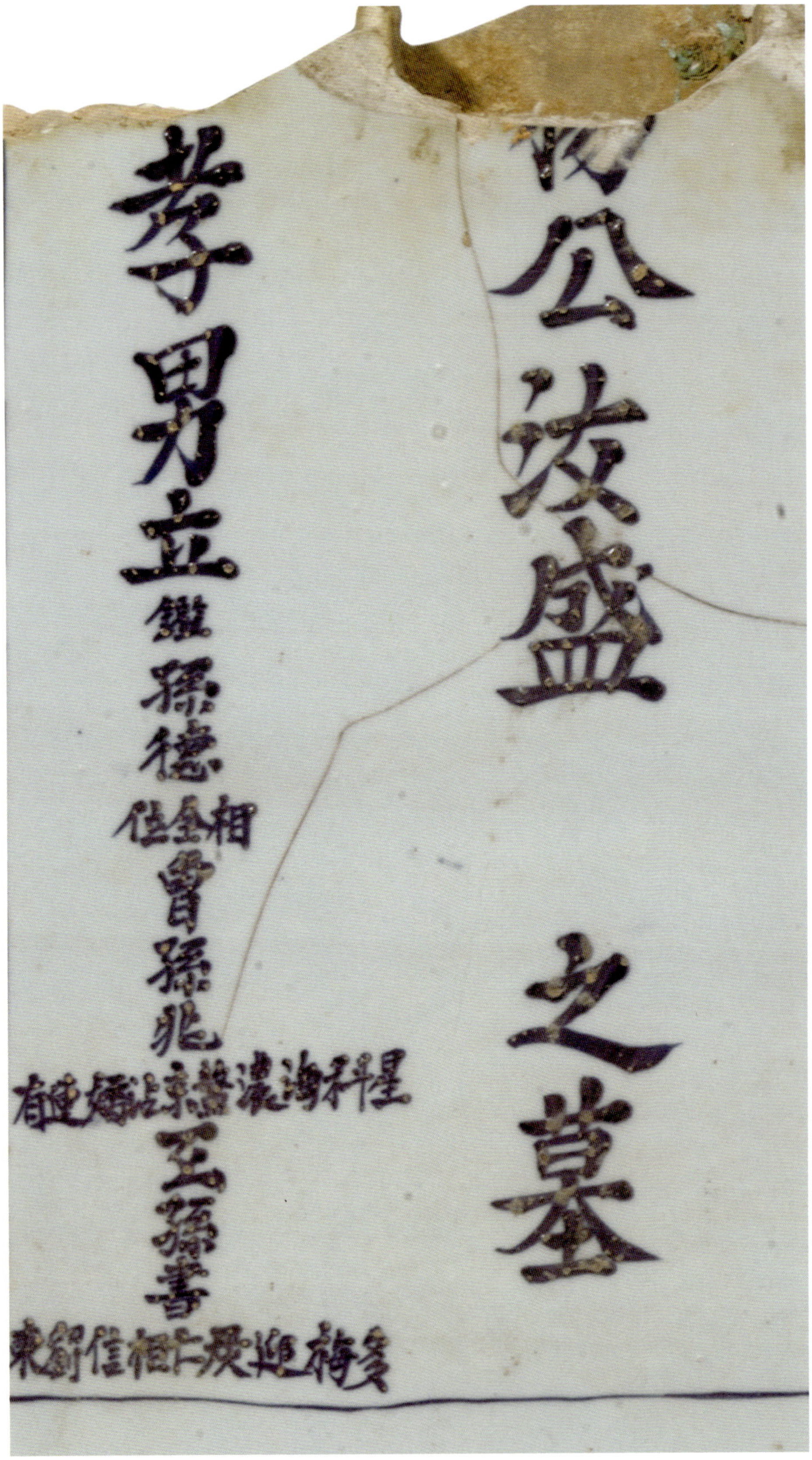

【碑文】

□□乾隆四拾五年冬月日立

□□楊公汝盛之墓

孝男立，鑑孫德相、德全、德位，曾孫兆星、兆科、兆海、兆濃、兆鰲、兆京、兆沾、兆□、兆連、兆有，玄孫書多、書梅、書迎、書昃、書仁、書桓、書信、書□、書東。

026

清乾隆吴母鄒氏墓誌

【概要】

吴母鄒氏（一七一二—一七八一），乾隆四十六年殁。

墓誌盤，瓷質。盤口直徑29厘米，高6.2厘米。銘文七行，行二至十六字不等。誌主有吴禹均、吴錫均二子。

【誌文】

康熙壬辰正月廿三申時生，於乾隆辛丑十二月廿四申時歿，享年七十。卜葬河橋岱二都，祖山月形作寅山申向。故妣吳母鄒氏寧五五孺人盤，謹書壽盤，以垂千秋！

孝男禹均、錫均，孝媳，孝孫

027

清嘉慶謝母熊氏墓誌

【概要】

謝母熊氏（一七三〇—一八一六），嘉慶二十一年歿。

墓誌盤，瓷質。盤口直徑26.7厘米，高5.2厘米。銘文八行，滿行十二字。誌主有時民、時照、時煦、時熹、時亮五子及二女。

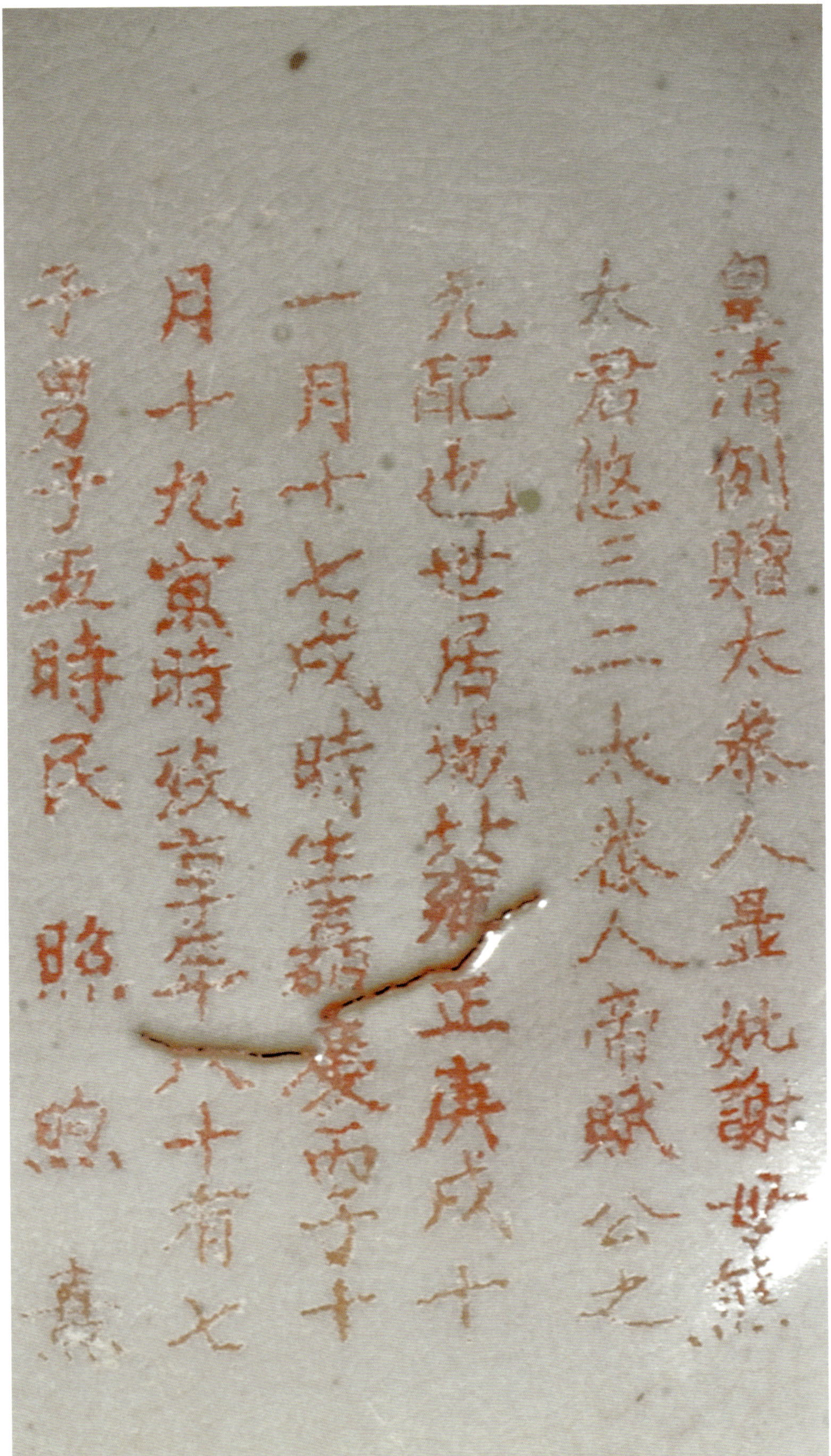

【誌文】

皇清例贈太恭人，显妣謝母熊太君悠三二太恭人，帝賦公之元配也，世居城北。雍正庚戌十一月十七戌時生，嘉慶丙子十月十九寅時殁，享年八十有七。子男子五：時民、照、煦、熹、亮；女二。媳吴、李。熊李，熊甘氏孫，曾載外碑，立此以爲不朽之記。

028

清道光鄧氏墓誌

【概要】

鄧氏（一七九四—一八二四），道光四年殁。

墓誌盤，瓷質。盤口直徑27.3厘米，高5.2厘米。銘文七行，行六至十二字不等。誌主有一男元瓚，媳吴氏。

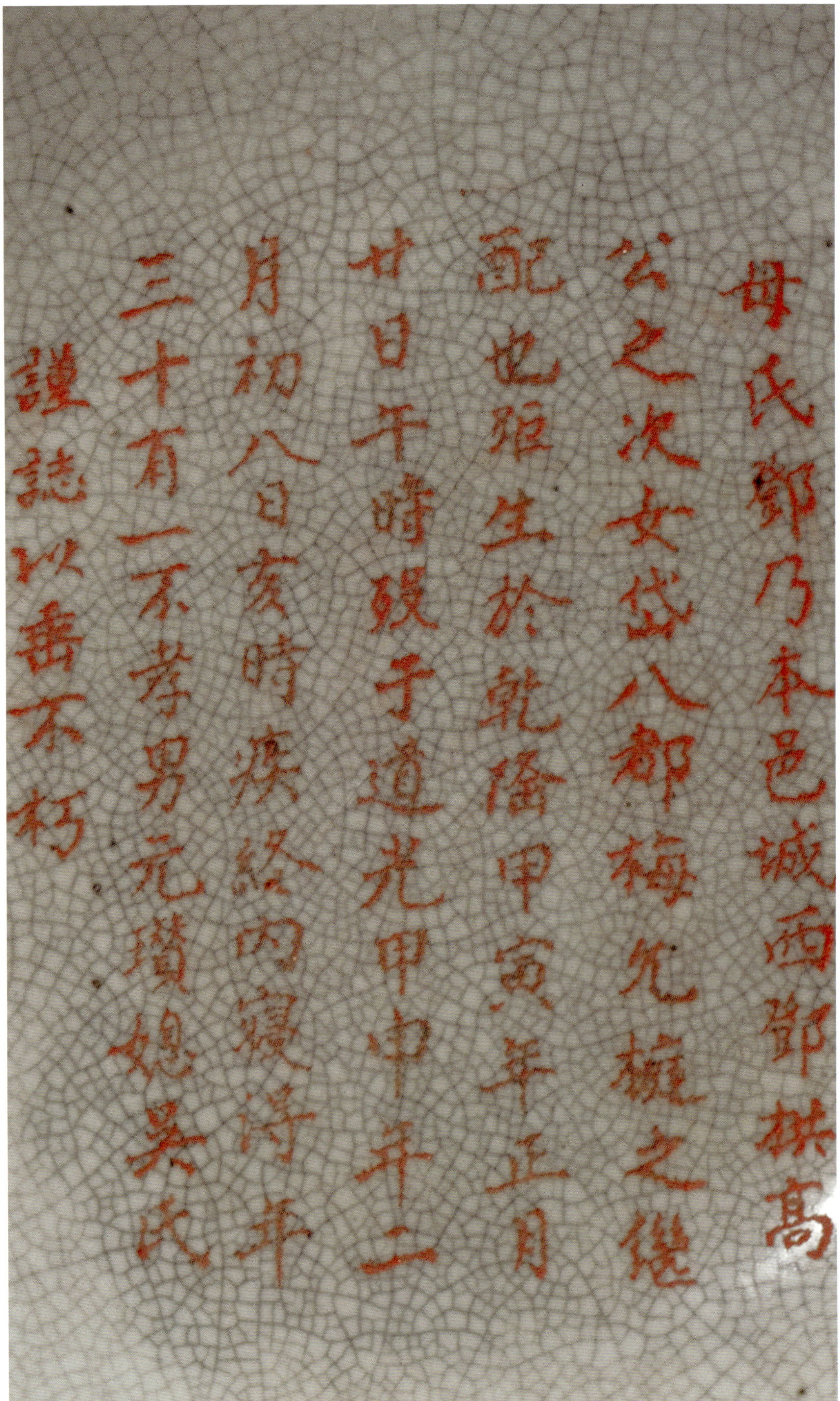

【誌文】

母氏鄧，乃本邑城西鄧拱高公之次女，岱八都梅允椗之繼配也。距生於乾隆甲寅年正月廿日午時，歿於道光甲申年二月初八日亥時。疾終内寢，得年三十有一。不孝男元瓚，媳吳氏謹誌，以垂不朽！

029

清道光陳景雲墓誌

【概要】

陳景雲（一八〇六—一八四五），太學生陳義階之長子，道光二五年歿。陳景雲墓誌盤，瓷質。盤口直徑26厘米，高5.3厘米。銘文八行，行四至十一字不等。

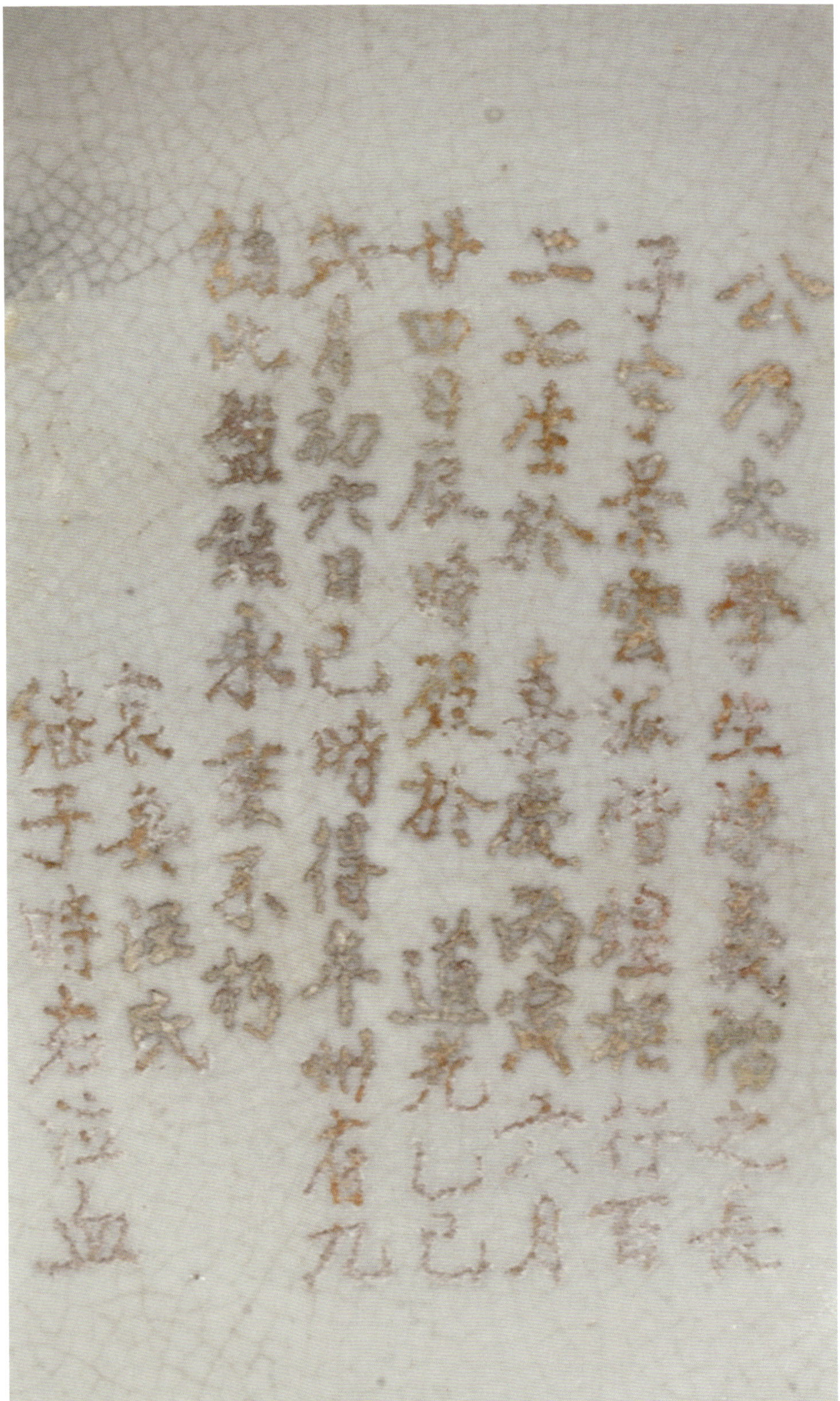

【誌文】

公乃太學生陳義階之長子，字景雲，派階煌□，行百二七。生於嘉慶丙寅六月廿四日辰時，歿於道光乙巳弍月初六日巳時，得年卅有九。誌此盤銘，永垂不朽！

哀妻汪氏

繼子時右泣血

後序

收在這本書裏的墓誌，有一部分是異型的，與常規的墓誌不一樣。我收這些異型墓誌的起因，是二十世紀九十年代初，討論北京通縣張家灣出土的『曹公諱霑墓』墓石的真假問題。有人説墓誌銘都有一定的尺寸規格，這塊石頭不合墓誌規格，是假的。

這話，聽起來好像説得很有道理，實際上却是混淆是非，亂人耳目。

墓誌銘有規定尺寸，這是歷史事實，但那是各朝各代對做官人的規定，與老百姓無關。而且各代規格，因制度不同，并不統一。如唐代官愈大，墓誌銘就愈大。我藏的唐代狄兼謨的墓誌，九十四厘米見方，爲稀見的特大墓誌，因爲他官很大。至於普通老百姓有無墓誌和墓誌的大小格式，有誰來管。

我還有一塊普通老百姓的墓誌，是明萬曆年青花瓷做的。高只有二十厘米，寬十二點五厘米，厚三厘米。可説是墓誌中的最小者。以前于右任藏有一塊六朝辭賦家左思的妹妹左棻的墓誌，特小，常放在書桌上把玩。我藏的這塊，可説是與左棻墓誌『無獨有偶』。

這本書裏收的有關曹植的幾塊墓磚拓片，是我前些年到山東東阿魚山參觀曹子建墓得到的。墓緊靠黄河，靠黄河一邊的墓山因開山取石已被劈開，但還未挖到墓室。墓正面有碑，但已是隋唐時立的，孤證難信。隨我去的幾位學生，都鑽進墓穴裏去看了，空無所有。後來在文化館看到墓裏拿出來的一些陶瓷器，破爛得與普通平民的墓葬一樣，但在文化館却發現了幾塊有字的磚，上刻『壘陳王陵，各賜休二百日』等，這是極大的發現，也是極可靠的證據。因爲原葬的陳王陵在淮陽，是他的封地，陵墓的規模較大，我曾多次去過。魚山墓，是據王意遷葬的，却簡陋得如同平民，要不是這幾塊墓磚和墓前的碑文，就很難確證這是大詩人曹子建的墓了。於此也可見曹植當時實際的政治處境。這個墓，如果據前面所述的那種墓誌銘必須多大多寬的標準來論，那這個陳思王陵連一塊普通的墓誌都没有，豈不更是假的了嗎？

我這本書裏，還收了幾件瓷盤刻的墓誌銘，還有一件乾隆二十一年丙子（一七五六）的陶盤做的墓誌銘，還有三塊磚刻的墓誌銘，還有一件硃砂寫的磚製的買塋地券，都不合正常墓誌銘的規格，但它們都是真實的墓誌銘，其中乾隆二十一年那件，還正是與曹雪芹同時，這不正好爲曹雪芹墓石作證嗎？何况曹雪芹當時貧窮落魄，其處境比那個陶盤主人要困頓得多！這塊粗糙的墓石，正好是個明證！

總之，我收這些異樣的墓誌銘，只是爲了説明歷史是復雜的、豐富多彩的，不能僅據幾條官方的規定就論定一切。研究歷史，必須從實際出發，以真實的史料爲依據，顧及全局。不能憑空臆説。要知道，歷史是要經事實檢驗的，任何人的歷史研究，歷史結論，都不能越過歷史檢驗的一關。

一個真誠的學者，必定會鄭重地審慎地對待這一終極的學術和真理的關隘的。

墓誌的拍攝，是請著名攝影家、老友汪大剛拍攝的，并此致謝！

二〇一四年四月一日補寫於石破天驚山館，時年九十又二

後記

孫熙春

馮其庸老師八十八歲華誕，愚晚曾撰有一聯，曰：『夫子功業，何止於米；門人問學，相期以茶。』此絶非虛言。彼時，馮其庸老師正在爲三十三卷本《瓜飯樓叢稿》的出版，做最後的校訂工作。此項工作剛剛結束，馮其庸老師又開始規劃十餘卷本《瓜飯樓外集》的編撰。如此治學之精神、毅力，當世罕有其匹！馮其庸老師命我助他編輯其中的《瓜飯樓藏墓誌》，實則爲我提供了一個問與學的機緣，因爲此項工作所需之學養、工作過程之繁複，非一人之力所能當，於此，略述在我編輯是集階段，先後參與、付出過辛勞者，以誌不忘。

《瓜飯樓藏墓誌》的編輯工作，是從馮其庸老師所藏墓誌原石的傳拓開始的。此項工作幸得劉猜猜賢弟鼎力相助，我們二人利用周末雙休日的時間，數次往返京濬，傳拓一過。劉猜猜賢弟之傳拓技藝也由生而熟、由粗而精，得到了馮先生的肯定。拓片經濬水郭延奎先生精心托裱後，我方真正進入釋讀、整理工作的階段。這一過程，我又數次往返京濬細核碑石，收獲、思路日新。我對墓誌的文獻價值、藝術價值及其多樣性等都有了更爲直接、感性的認識。按照馮其庸老師的意見，是集分爲四部分：一、墓誌原石，二、墓誌拓本，三、硃書磚刻墓誌，四、陶瓷器物墓誌。每部分均按年代先後編次。第一部分墓誌原石，共記十二件，其中誌、蓋并存者六件，總共十八石。這十二件中文獻、藝術、學術價值較高者，除墓石照片、拓片外，還增入了拓片的局部。第二部分墓誌拓本，八件十七紙，其中《隋永嘉郡松陽令宇文弁才墓誌》《唐元蘋夫人墓誌》《宋田子茂墓誌》作者均爲唐宋時期著名文人，有較高的學術價值，且是稀見的珍品。第三部分硃書磚刻墓誌，兩件三磚，其中《明嘉靖磚刻向竹坡墓誌銘》由兩磚（每磚正反面均有刻銘）組刻而成，十分罕見。第四部分陶瓷器物墓誌，只選録了馮其庸先生衆多藏器中的七件八器。這些器型墓誌，反映了民間墓誌的多種形式及不同地區的喪葬習俗，請讀者留意。

關於拓片分頁的整理、製作工作也是十分繁複、耗時的，我於圖片製作是外行，幸好此項工作先後得到了同事李洪雷先生、好友孟鵬先生、同學崔守軍先生的鼎力支持、幫助，在此一并致謝。

濬水孫熙春，二〇一三年十二月三日